KURT TEPPERWEIN

Loslassen, was nicht glücklich macht

DER WEG ZUR INNEREN FREIHEIT

mvgverlag

Bibliografische Information der Deutschen Nationalbibliothek
Die Deutsche Nationalbibliothek verzeichnet diese Publikation in der Deutschen Nationalbibliografie. Detaillierte bibliografische Daten sind im Internet über https://dnb.de abrufbar.

Für Fragen und Anregungen
info@m-vg.de

28. Auflage 2026

Türkenstraße 89
80799 München
Tel.: 089 651285-0

Redaktionelle Mitarbeit: Birgit Rupprecht-Stroell/Felix Aeschbacher
Umschlaggestaltung: Laura Osswald
Satz: Sandra Wilhelmer, Landsberg am Lech; Andreas Linnemann
Druck: Florjancic Tisk d.o.o., Slowenien
Printed in the EU

ISBN Print 978-3-636-07097-5
ISBN E-Book (EPUB, Mobi) 978-3-96121-028-2

Weitere Informationen zum Verlag finden Sie unter

www.mvg-verlag.de

Beachten Sie auch unsere weiteren Verlage unter www.m-vg.de

KURT TEPPERWEIN

Loslassen, was nicht glücklich macht

Inhalt

Einleitung

Liebe Leserin, lieber Leser,

glücklich und zufrieden sein, in Harmonie leben und Erfolg haben – wer möchte das nicht? Fast jeder strebt es an und nur ganz wenigen gelingt es. Doch es ist gar nicht so schwierig, sein Leben erfüllt und glücklich zu leben. Die Devise heißt: *Loslassen* – loslassen von allem, was uns belastet und uns daran hindert, unserer Bestimmung gemäß zu leben. Den wahren Sinn Ihres Lebens zu finden, Ihre Ziele zu erkennen und zu erreichen, dabei will ich Ihnen helfen.

Werfen Sie alles ab, was nicht zu Ihnen gehört. Manches war notwendig, doch jetzt brauchen Sie es nicht mehr. Jetzt ist die Zeit für Sie gekommen, sich um die wesentlichen Fragen des Seins zu kümmern.

Lassen Sie los, was Sie nicht glücklich macht, und aus der inneren Freiheit wird die Kraft wachsen, die Ihnen hilft, Ihre Wünsche zu verwirklichen. Viel Freude beim Lesen und viel Erfolg bei der Arbeit an sich selbst!

Kurt Tepperwein

Kapitel 1:
Vollkommenheit

Der Sinn unseres Lebens – unsere Lebensaufgabe

Der Sinn unseres Lebens liegt darin, Vollkommenheit zu erreichen. Schon in der Bibel heißt es: „Ihr sollt vollkommen sein, wie der Vater im Himmel vollkommen ist." Machen wir uns einmal bewußt, daß unser wahres Selbst von jeher vollkommen war, daß es immer noch vollkommen ist und daß es auch vollkommen bleiben wird. Somit bräuchten wir eigentlich für unsere Vollkommenheit weder zu arbeiten noch darum zu bitten. Wir brauchen auch nicht auf Vollkommenheit zu hoffen oder um sie zu bangen. Eigentlich gibt es nur einen einzigen Weg, um zur Vollkommenheit zu gelangen: Loslassen von allem, was unsere Vollkommenheit behindert. Wir selbst hindern uns an unserer Vollkommenheit, weil wir Unvollkommenes in unserem Leben zulassen.

Das Anliegen dieses Buches ist es, zu zeigen, wie wir von allem loslassen können, was uns belastet, was uns von unserer Vollkommenheit abhält. Dazu gehört in erster Linie, daß wir lernen, unseren Eigenwillen loszulassen. Erst dann kann nämlich unsere Seele frei und glücklich sein. Unser Ziel ist es, diese Freiheit zu erlangen. Wenn Sie den Weg mit mir gehen, werden Sie finden, was Sie suchen: *Harmonie*.

Ich möchte nicht verhehlen, daß die Realisierung dieses Wunsches nicht einfach ist. Es bedeutet Arbeit an sich selbst, Disziplin, Selbsterkenntnis, und manches mag Ihnen anfangs wie ein Verzicht erscheinen. Je mehr Sie aber erkennen, je mehr Sie von den geistigen Gesetzen erfahren, desto leichter wird Ihnen dieser vermeintliche Verzicht fallen – bis es eines Tages kein Verzicht mehr für Sie ist.

Wo stehen wir heute?

Jeder Mensch hat eine Aufgabe in seinem Leben. Dies kann etwas ganz Großes, Bedeutendes sein, es kann aber auch etwas sein, das von vielen gar nicht bemerkt wird. Das spielt überhaupt keine Rolle. Wichtig ist allein, daß jeder seine Lebensaufgabe erkennt und sie erfüllt, denn in ihrer Erfüllung liegt der Sinn unseres Lebens. Wir werden vom Schicksal nicht nur dafür zur Verantwortung gezogen, daß wir nichts Böses tun – nein, wir werden auch dafür zur Rechenschaft gezogen, daß wir unterlassen haben, Gutes zu tun. Jetzt fragen Sie vielleicht: „Woher weiß ich, was zu tun und was zu unterlassen ist? Welcher Weg ist der richtige, um zu Harmonie zu finden und vollkommen zu werden?“

Um die Antwort herauszufinden, müssen Sie den „Weg nach innen“ gehen. Die Aufgaben sind individuell verschieden, und jeder hat seine ganz persönliche Lebensaufgabe. Lernen Sie sich selbst kennen, lernen Sie, Ihre Bestimmung zu erkennen, und Sie finden Ihre Berufung heraus. Wir helfen Ihnen dabei, indem wir Ihnen einige Fragebogen an die Hand geben, die Ihnen Klarheit über Ihren Weg geben werden.

Wenn Sie in aller Ruhe einmal über Ihr Leben nachdenken, dann werden Sie feststellen, daß es einen roten Faden gibt, dem Sie von der Vergangenheit bis zum heutigen Tage folgen können. Am besten nehmen Sie sich ein bißchen Zeit, setzen sich ruhig und bequem hin, sorgen dafür, daß niemand Sie stört, und dann überdenken Sie einmal in aller Ruhe Ihr Leben. Schauen Sie zurück in die Vergangenheit und blicken Sie in die Zukunft.

Fragebogen *Lebenssituation*

Mit welchen Situationen werde ich immer wieder konfrontiert?
– im Privatleben
– im Beruf

– Welche Probleme kommen immer wieder vor?
– Welche Fragen stellen sich mir immer wieder?
– Welche Enttäuschungen erlebe ich häufig?
– Auf welchem Gebiet habe ich die meisten Erfolge?
– Welche Ziele kann ich leicht erreichen?
– Welche Dauerwünsche haben sich bisher noch nicht erfüllt?
– Welche Gefühle sind bei mir am meisten ausgeprägt?
– Welche Gedanken sind bei mir vorherrschend?
– Gibt es Träume, die immer wiederkehren?
– Was erwarte ich von der Zukunft, was befürchte ich?

Sie können diese Liste beliebig verlängern und ergänzen. Dabei werden Sie feststellen, daß Sie immer wieder auf ähnlich gelagerte Probleme stoßen, daß immer wieder dieselben Fragen auftauchen. Das liegt daran, daß diese Probleme noch nicht gelöst und diese Fragen in Ihrem Leben noch ungeklärt sind. Es ist jetzt Ihre Aufgabe, Klarheit zu schaffen, damit Harmonie entstehen kann. Das ist die Grundvoraussetzung für ein erfülltes Leben überhaupt, denn wo ungelöste Probleme existieren, kann Ruhe nicht gedeihen.

Harmonie

Harmonie ist ein Grundgesetz der Natur. Alles wird von Harmonie bestimmt, ob Gesundheit, Erfolg, Glück oder Zufriedenheit. Sind *Sie* in Harmonie mit sich selbst?

Fragebogen *Harmonie*

- Lebe ich in Harmonie mit mir selbst?
- Kann ich in jeder Situation zu innerer Ruhe finden?
- Bin ich im seelischen Gleichgewicht; ruhe ich in mir; kann mich nichts erschüttern und ganz verunsichern?
- Wie steht es mit meinen privaten Beziehungen?
- Habe ich ein harmonisches Familienleben, eine gute Basis für meine Freundschaften?
- Bestimmen Ausgeglichenheit und ein freundliches Miteinander meinen beruflichen Alltag?

- Wo gibt es Disharmonien? Was stört meine Harmonie?

- Gibt es Lebensbereiche, in denen ständige Spannung herrscht?

- Warum ist das so – wer verursacht solche Situationen?

- Welche Einstellung habe ich zu diesen Situationen?

- Welche Möglichkeiten habe ich, eine Beruhigung der Lage herbeizuführen?

- Habe ich es schon versucht?

- Mit welchem Erfolg?

- Warum habe ich es nicht versucht?

- Fühle ich mich wohl, wenn ich in Frieden mit mir und der Welt lebe?

- Brauche ich Streß, liebe ich den Streit, will ich immer Sieger sein?

Damit Sie sich für die Harmonie öffnen können, wollen wir Ihnen hier eine Suggestion geben, die Sie immer anwenden können, wenn Sie zu innerer Ruhe finden wollen. Sie können den Text auf eine Cassette sprechen und ablaufen lassen oder Sie sagen sich den Text vor, beispielsweise am Morgen, wenn Sie sich waschen, oder Sie gehen die Worte in Gedanken durch, während Sie zur Arbeit fahren.

Suggestion *Harmonie*

„Ich bin ruhig, ganz ruhig und gelassen. Meine Gedanken konzentrieren sich auf mein höheres Selbst. Ich gehe den Weg nach innen. Ruhe durchströmt mich. Ich atme ruhig und spüre, wie der Atem meinen Körper durchströmt. Immer tiefer und tiefer geht mein Atem. Ich spüre, wie er Verspannungen in mir löst – meine Schultern werden locker, meine Beine leicht, und meine Gesichtszüge entspannen sich. Ich fühle mich wohl.

Der Atem löst auch innere Verkrampfungen. Ich spüre, wie mein Herz ganz ruhig und gleichmäßig schlägt. Probleme fallen von mir ab, der Ärger löst sich auf – ich werde leicht und frei. Ein tiefes Gefühl von Frieden wächst und wächst und wächst. Ich habe meine Mitte gefunden, bin voller Harmonie und positiver Gefühle. Das erfüllt mich mit Freude und gibt mir Sicherheit. Alles ist angenehm, warm und licht. Alles ist gut."

Das Wichtigste in unserem Leben und eine unserer Hauptaufgaben ist es, unseren Körper, unseren Geist und unsere Seele – also unser gesamtes Sein – in Ordnung zu bringen. Stellen Sie sich einmal vor, daß unser Körper aus etwa 200 Billionen Zellen besteht. Jede Zelle ist ein ganzes Universum für sich, denn jede einzelne Zelle besteht aus unzähligen Atomen, und jedes Atom ist wiederum ein Sonnensystem für sich alleine: mit einer zentralen Sonne, mit Plutonen und Neutronen – ein komplettes Sonnensystem! Unser Bewußtsein bestimmt über den Zustand dieser Universen. Jede Veränderung in unserem Bewußtsein teilt sich sofort jedem einzelnen Zellenbewußtsein mit. Die Zelle reagiert darauf und handelt entsprechend. Sie sehen, wie wichtig es ist, weise mit unserem persönlichen Universum umzugehen und diese 200 Billionen Zellen gut zu regieren.

Eine notwendige Voraussetzung für die richtige Funktionsweise unseres Körpers ist eine vernünftige Ernährung. Wir müssen das Richtige zur rechten Zeit und in der richtigen Menge essen. Aber noch wichtiger ist es, unser Denken zu ordnen, um positiv, also konstruktiv, zu denken. Destruktive Gedanken sind zerstörerisch, denn sie sind in erster Linie gegen uns selbst gerichtet. Wir denken sozusagen gegen den Schöpfungsgedanken und verursachen somit Disharmonien mit der Schöpfung. In Harmonie mit der Schöpfung zu denken, zu fühlen, zu reden und zu handeln, das ist unsere Hauptaufgabe. Alles andere können wir beruhigt loslassen. Es ist für uns nur Ballast, behindert unsere positiven Energien und stört unser Sein.

Wenn wir diesen Zustand der Harmonie erreicht haben, dann ist unser Seins-Auftrag erfüllt, dann haben wir wieder unseren Urzustand der Vollkommenheit erreicht. Gemeinsam wollen wir uns auf den Weg zu diesem Ziel machen. Wir werden Schritt für Schritt zusammen gehen. Ich werde Ihnen Übungen zeigen und Ihnen Anleitungen geben, damit Sie in einen Zustand der Harmonie, des Einsseins mit sich und der Schöpfung gelangen.

Das Glück tritt gern in ein Haus ein, wo gute Laune herrscht.

(Japanische Weisheit)

Kapitel 2: Loslassen

Warum?

Es ist eigentlich gar nicht so erstaunlich, daß in einer Welt, in der das Materielle und die Äußerlichkeiten so wichtig geworden sind, die Fragen nach dem Sinn des Lebens, nach dem Sein, nach der Bedeutung des Seins immer stärker werden und mehr und mehr Menschen beginnen, sich mit diesen wesentlichen Dingen zu befassen.

Sie haben erkannt, daß das Glück nicht in schönen Häusern, weiten Reisen oder Pelzmänteln liegen kann. Sie erkennen, daß die Anhäufung äußeren Reichtums nur ein kurzfristiges Vergnügen ist. Zufriedenheit, Befriedigung und Freude können auf diese Weise jedenfalls nicht entstehen. Das Wissen, daß alles, was wir hier besitzen, nur eine Leihgabe des Lebens ist, mag dazu beitragen, daß es uns leichter fällt, Unwesentliches loszulassen.

Wir wurden nackt geboren und wir werden nackt wieder zurückkehren in den ewigen Kreislauf. Unser ganzer Besitz ist lediglich ein schmückendes Beiwerk – ja vielleicht sogar eine Belastung – für unsere jetzige Existenz. Es schadet nicht, sich zu schmücken, und es schadet auch nicht, in Luxus zu leben. Wie viele Menschen aber verbringen die meiste Zeit ihres Lebens damit, Güter anzuhäufen, die sie doch nur für eine bestimmte Zeit – für die kurze Spanne ihres Erdendaseins – nutzen können und später zurücklassen müssen. Wirklich arm dran ist aber dann derjenige, der am Ende seiner Tage erkennt, daß er zwar eine Menge Geld angehäuft hat, das Wesentliche aber übersehen und vernachlässigt hat. Es ist deshalb nie zu früh, sein Denken zu ordnen, Prioritäten zu setzen, die tatsächlichen Werte und den Sinn zu erkennen.

Freuen wir uns über unsere äußeren Wegbegleiter wie Reichtum, einen Beruf, in dem wir erfolgreich sind, einen großen Namen oder auch Macht. Freuen wir uns über unsere Lebenspartner, über die Menschen, die uns in diesem Leben eine Zeitlang begleiten. Genießen wir all das – seien wir dankbar dafür, aber achten wir darauf, diesen Dingen den Wert zuzumessen, der ihnen zusteht.

Es ist nie zu spät!

Sollten Sie jetzt, in diesem Moment erkennen, daß auch Sie diesen Weg der Äußerlichkeit gegangen sind, und sollten Sie gleichzeitig das Bedürfnis nach einer Veränderung haben, dann fangen Sie an. Sagen Sie nicht: „Jetzt ich bin schon so weit gegangen, da kann ich gar nicht mehr umkehren." Es ist niemals zu spät, sein Leben zu verändern. Jetzt haben Sie die Chance, das umzusetzen, was Ihnen soeben an Erkenntnis zuteil wurde.

Wenn Sie sich dazu entschließen, ab heute einen anderen Weg einzuschlagen, dann lassen Sie sich von nichts und niemandem davon abhalten. Es ist keineswegs das Eingeständnis eines Mißerfolges, wenn Sie ab sofort andere Ziele haben. Alles, was Sie bisher erlebt, gedacht und erreicht haben, war notwendig, damit Sie so sein können, wie Sie heute sind: Offen für das Neue, sensibel für die wesentlichen Dinge des Lebens und bereit, einen neuen Weg zu gehen – erfüllt von dem Wunsch nach tiefem inneren Frieden.

Versuchen Sie doch einmal, sich in die Situation eines Bergsteigers zu versetzen, der nach stundenlangem Marsch erkennen muß, daß er den falschen Weg gewählt hat – einen Weg, der ihn unweigerlich in den Abgrund führen wird. Er kehrt um, und zwar auf der Stelle und in dem Moment, in dem er dies erkennt. Er wird sogar gerne den ganzen Weg zurückgehen, weil er weiß, daß nur dies sein Leben rettet.

Und so ist es auch mit Ihnen: Kehren Sie um, gehen Sie zurück. Es ist sicher ein wenig beschwerlich, aber besser ein beschwerlicher, richtiger und sicherer Weg als ein falscher Weg, der unweigerlich in den Abgrund führt.

Auf Ihrem Rückweg spüren Sie vielleicht schon das Gewicht Ihrer Last, die Sie die ganze Zeit mit sich herumgeschleppt haben.

Wie viele Gedanken haben Sie sich schon über unnütze Dinge gemacht? Wie viele Nerven hat es Sie gekostet, das zu erreichen, was Sie jetzt gar nicht mehr als so wichtig erachten? Wieviel Geduld, Geld und Kraft haben Sie aufgebracht für etwas, das Ihnen gar nicht dient und nützt? Sie können das alles loslassen. Es wird Ihnen gar nicht schwerfallen.

Vielmehr werden Sie die neue Freiheit spüren. Sie werden bemerken, wie die schweren Steine des falschen Gepäcks von Ihnen abfallen, wie Sie freier durchatmen können, wie Sie elastischer gehen und wie Sie innerlich ruhiger und fröhlicher werden. Sie sehen wieder ein Ziel vor sich, ein helles Licht, das Ihnen den Weg zu neuen Dimensionen zeigt.

Sie sind, was Sie denken

Zum Loslassen gehört, daß wir lernen, uns selbst nicht nur zu kennen, sondern auch zu erkennen. Wir müssen lernen, uns zu beherrschen – das bedeutet Disziplin. Nur wer Disziplin aufbringt, kann auch Vollkommenheit erlangen. Disziplin beginnt bei der Gedankendisziplin. Nichts in diesem Leben geschieht, ohne daß es zuerst gedacht wurde. Daran können Sie sehen, welche Macht die Gedanken haben und wie wichtig es ist, die richtigen Gedanken zu haben. Mit unseren Gedanken setzen wir die Ursachen für unser Leben. *Sie sind, was Sie denken*. Prüfen Sie das nach:

1. Welche Vorstellungen hatten Sie von Ihrem Leben
   - vor 10 Jahren?
   - vor 5 Jahren?
   - vor 1 Jahr?
2. Wie hat sich Ihr Leben entwickelt?
   Haben sich Ihre Vorstellungen realisiert?
3. Wie stellen Sie sich heute Ihre Zukunft vor?
4. Hatten Sie Zweifel, ob Sie Ihre Ziele erreichen würden?
5. Waren Sie von Ihren Zielen überzeugt?

Prüfen Sie im Alltag, wie Ihre Gedanken sich realisieren. Machen Sie sich am Morgen bewußt, was Sie erledigen wollen und wie es ablaufen soll. Am Abend ziehen Sie dann Resümee.

Wenn Sie noch Zweifel haben sollten, dann üben Sie mit dem viel zitierten Parkplatzproblem. Stellen Sie sich folgendes vor: „Ich bekomme immer einen Parkplatz, und zwar dort, wo ich ihn brauche." Das funktioniert – sogar in der Großstadt!

Ursache und Wirkung

Wer sein Denken nicht beherrscht, der überläßt es dem Zufall. Doch den Zufall gibt es nicht! Zufall bedeutet, daß Ihnen genau das zufällt, was Ihnen gebührt. Wenn Sie die Verantwortung für Ihr Leben nicht übernehmen – also verantwortlich denken –, dann folgen Ihren Gedanken zwangsläufig entsprechende Situationen: Es geschehen „zu-fällige" Dinge. Diese Disziplinlosigkeit hat zur Folge, daß Ihnen ein Zufall nach dem anderen zu-fällt: Sie werden vom Leben gebeutelt.

Vielleicht sagen Sie sich: „Ich habe kein Glück, ich habe immer Pech, mir gelingt nie etwas." Wenn Sie aber tiefer in die Thematik einsteigen und hinter die vordergründige Argumentation blicken, werden Sie erkennen, daß solche Äußerungen gar nicht stimmen können. Wenn Sie keinen Erfolg und kein Glück haben, dann liegt das an Ihren Gedanken, an Ihrer mangelnden Disziplin. Disziplinieren Sie sich, befassen Sie sich mit positiven Aspekten, dann müssen Ihre Gedanken unweigerlich in Taten und Umständen sichtbar werden.

Wer jedoch ziel- und gedankenlos dahinlebt, darf sich nicht wundern, wenn sein Leben dem Zufall überlassen bleibt und sich negative Situationen häufen. Sie sehen hier ganz deutlich den Zusammenhang von Ursache und Wirkung. Nichts, nicht einmal die geringste Kleinigkeit geschieht, ohne daß eine Ursache dafür gesetzt wurde – und als erstes war immer der Gedanke! Verinnerlichen Sie diesen Grundsatz, berücksichtigen Sie ihn, wenn Sie Ihr Leben in der Vergangenheit betrachten, und ziehen Sie Nutzen aus dieser Erkenntnis für die Zukunft!

Prüfen Sie an einem ganz einfachen Beispiel, ob Sie Ihren Geist und Ihren Körper beherrschen:

Übung *Stillsitzen*

Setzen Sie sich auf einen Stuhl und achten Sie darauf, daß Ihr Rückgrat sich gestreckt und aufrecht an der Stuhllehne befindet. Legen Sie die Hände auf die Oberschenkel, setzen Sie die Füße in kleinem Abstand nebeneinander. Nun schließen Sie die Augen und bleiben fünf Minuten in dieser Stellung sitzen.

Sie atmen ganz ruhig und tief. Sie blinzeln nicht. Sie bewegen auch die Finger nicht. Wenn Sie glauben, daß es Sie juckt, dann unterdrücken Sie den Wunsch, sich zu kratzen. Lassen Sie sich von nichts und niemandem beirren. Am besten stellen Sie sich einen Wecker, um sicherzugehen, daß Sie wirklich fünf Minuten in dieser Stellung verharren können.

Sie haben es geschafft! Ich gratuliere Ihnen!

Wenn es Ihnen nicht gelungen ist, dann macht das auch nichts. Alles braucht seine Zeit, und in ein paar Tagen werden Sie stillsitzen können.

Ich gebe Ihnen hier eine kleine Hilfe, damit Ihnen das Ruhighalten leichter fällt. Sprechen Sie folgenden Text –

möglicherweise mit meditativer Musik untermalt – auf eine Cassette:

Ich schließe meine Augen und lasse meinen Körper los. Ich bin jetzt vollkommen bewegungslos. Ich lasse keine Bewegung mehr zu – außer meinem Atem. Ich beherrsche meinen Körper. Während mein Körper bewegungslos ist, lasse ich mich langsam und behutsam in mich selbst hineinsinken.

Ich lasse die Außenwelt los und sinke in mich hinein. Vor meinem geistigen Auge sehe ich ein helles, warmes Licht. Ich sinke ganz langsam in vollkommener Stille in dieses Licht hinein, denn ich bin das Licht. Ich ruhe im Licht meines wahren Selbst. Mein Körper ist leicht und bewegungslos. Ich ruhe im Licht, in der Stille, in mir. Ich spüre die wohltuende Atmosphäre, die mich umgibt.

Jetzt lasse ich mein Bewußtsein weit werden. Ich lasse zu, daß mein Bewußtsein ganz weit wird. Ich nehme den Raum wahr, in dem ich mich befinde, mein ganzes Bewußtsein nimmt diesen Raum in sich auf, und ich spüre die wohltuende Atmosphäre. Ich kann mein Herz öffnen, und ich fühle mich im Einklang mit mir selbst, mit dem Leben und mit dem Kosmos. Ich spüre die Wärme, das Licht und die Liebe. Je mehr Liebe ich fließen lasse, desto mehr Liebe strömt in mich ein, und ich spüre, daß es Gottes Liebe ist, die mich umfaßt, umhüllt und durchströmt. Ich öffne mein Herz noch weiter und lasse seine Liebe durch mich fließen.

Alles ist erfüllt von seiner Liebe.

In dieser Einheit des Bewußtseins erkenne ich, daß ich von nun an in der Geborgenheit seiner Liebe leben kann. Ich lebe in der Sicherheit seines Willens und in der Gebor-

genheit seiner Liebe. Ich werde getragen von Gottes Liebe. Ich werde getragen von Gott, der in mir lebt und durch mich wirkt. Und wohin ich auch gehe, lasse ich seine Liebe durch mich fließen und durch mich wirken.

Überall wird die Welt ein wenig lichter, friedvoller und liebevoller durch seine Liebe, die durch mich wirkt. Ich werde so zum Botschafter seiner Liebe und lebe selbst in der Geborgenheit seiner Liebe.

Aber ich nehme die Eindrücke, die ich durch diese Meditation gewonnen habe, mit in meinen Alltag und lasse sie wirken, lasse die Liebe durch mich fließen und nehme von jetzt an jeden Menschen so, wie er ist. Ich öffne mein Herz für ihn, lasse die Vorurteile los, die Kritik und sehe das Positive. Ich erkenne, daß jeder Mensch das Recht hat, so zu sein, wie er ist, und daß jeder in seiner Art liebenswert ist, denn jeder Mensch repräsentiert Gott.

In diesem Bewußtsein gehe ich nun zurück in mein Leben – an die Oberfläche meines Seins. Ich gehe zurück ins Hier und Jetzt. Und wenn ich bereit bin, öffne ich meine Augen und bin wieder ganz bewußt im Hier und Jetzt.

Fühlen Sie sich wohl? Sie haben fünf Minuten stillgesessen und haben es gar nicht bemerkt, weil Sie Ihre Aufmerksamkeit auf andere Dinge gelenkt haben. Sie sehen, es ist gar nicht so schwierig.

Während Sie Ihren Gedanken gefolgt sind, haben Sie nämlich auch alte Verhaltensmuster losgelassen. Sie haben von Ihrem Ego losgelassen und neue Schwingungen in sich selbst zugelassen: Schwingungen des Bewußtseins, der Einheit und der Liebe. Und diese veränderten Schwingungen haben sich auf jede einzelne Zelle Ihres Körpers ausgewirkt. Jede Zelle ist jetzt bewußter, weiter und liebevoller. Wenn Sie diese Übungen jeden Tag machen, dann werden Sie gewaltige Veränderungen feststellen können – sowohl an sich, Ihrem Verhalten, Ihrer Einstellung, aber auch an Ihrem Körper. Und infolge dessen wiederum an der Reaktion Ihrer Umwelt. Dazu ist es allerdings notwendig, daß Sie jeden Tag konsequent an sich arbeiten, daß Sie jeden Tag Ihr Bewußtsein öffnen und erweitern, daß Sie Liebe fließen lassen und daß Sie zu Liebe werden.

Wie viele Menschen sagen: „Die Welt ist so schlecht, die Menschen sind so mürrisch und aggressiv. Ich bin ja nur ein ganz kleines Rädchen und kann gar nichts ändern in dieser riesigen Welt." Doch das stimmt nicht. Jeder von uns kann dazu beitragen, daß unser Leben schöner, heller und l(i)ebenswerter wird.

Und am besten fängt man bei sich selbst an. Dann geht es nach dem Schneeballsystem: Der kleine Schneeball wird immer größer, je länger Sie ihn rollen. Kleine, positive Momente schaffen große, positive Wirkungen. So ist das auch mit Ihrer Ausstrahlung, mit den Schwingungen, die Sie aussenden. Geben Sie positive Impulse, seien Sie positiv, dann wird Ihre Ausstrahlung andere Menschen erreichen, die wiederum positive Impulse geben. Auf diese Weise wird unsere Welt heller und lichter.

Wir haben festgestellt, daß ein Grundgesetz des Lebens die Harmonie ist. Wird diese Harmonie gestört, entstehen negative Situationen: Kriege, Krankheiten oder auch Schicksalsschläge. Es sollte deshalb zu unserer Hauptaufgabe werden, Harmonie in uns und um uns herum zu schaffen. Dazu gehört als erstes das Wissen um den Zusammenhang von Ursache und Wirkung und als nächstes die Disziplin.

Wer mit sich und seinem Leben zufrieden ist, der muß sich nicht ändern, denn für ihn ist die Zeit für eine Weiterentwicklung noch nicht reif. Er muß so lange auf dieser Bewußtseinsebene bleiben, bis die innere Bereitschaft für eine Veränderung, für eine Verbesserung wächst. Die Arbeit an sich selbst hat nur dann Sinn, wenn der Wunsch von innen kommt. Wer an sich arbeitet, weil sein Partner ihn dazu „verdonnert" hat oder weil er weiß, daß sein Chef diesen Weg geht, der verschwendet nur seine Zeit, solange der Wunsch nach einer Veränderung nicht von ihm selber kommt.

Was wollen Sie loslassen?

Notieren Sie einmal alles, was Sie loslassen möchten. Seien Sie ehrlich zu sich und setzen Sie sich keine Grenzen. Notieren Sie alles, was Ihnen gerade einfällt. Bewahren Sie diese Liste auf. Sie können sie jeden Tag ein wenig ergänzen. Sie werden staunen, wie lange Ihre Liste wird ... sie wächst jeden Tag ein bißchen.

Wenn Sie das Buch durchgearbeitet haben, dann erstellen Sie eine neue Liste. Vergleichen und ergänzen Sie die Listen dann, und Sie werden erstaunt sein, wieviel Arbeit Sie sich vorgenommen haben.

Ich möchte loslassen:

Nach zwei Wochen sortieren Sie die einzelnen Punkte nach ihrer Priorität:

Intuition wecken

Einen weiteren wichtigen Punkt für die Beantwortung der Frage, warum wir loslassen sollten, finden wir in dem Wort „Intuition". Nur wer frei von den Belastungen des Alltags ist, wer sich freimachen kann von den Sorgen, vom Streß und von der Hektik, wer seine Seele freigibt, dem ist es auch gegeben, Intuition zu erfahren. Intuition entwickelt sich aus dem tiefen Inneren. Jeder Mensch ist mit Intuition ausgestattet, aber viele Menschen haben ihre Intuition regelrecht zugeschüttet. Sie haben sie im Laufe der Zeit verloren, weil sie sich nach außen orientieren und materiellen Gütern nachjagen. Das Wesentliche, das man eigentlich in sich selbst trägt, wird dann leicht vergessen.

Die Intuition können Sie auch als innere Stimme bezeichnen. Intuition ist etwas, das Sie nicht greifen können, was Sie aber sehr wohl spüren. Wenn Sie lernen, Ihrer inneren Stimme wieder zuzuhören, dann kann Intuition wirken. Intuitiv zu handeln heißt, gefühlsmäßig zu handeln. Ihre innere Stimme oder Ihr höheres Selbst, wie wir es auch nennen können, kennt Ihre wirkliche Einstellung, weiß, was Sie wollen und nimmt die Schwingungen der Umwelt auf.

Wenn Sie sich auf Ihre Intuition verlassen, dann werden Sie im richtigen Moment das Richtige tun, denn Ihre Intuition weiß genau, wann das ist. Intuition ist tief im Unterbewußtsein verankert. Erfolgreiche Menschen haben sich schon immer darauf verlassen – weit mehr als auf ihren Verstand.

Jeder hat – entsprechend seines Lebensauftrages – natürlich andere Ziele und andere „Lasten", die er abwerfen, also loslassen, sollte. Wir werden uns in den späteren Kapiteln mit den Hauptbelastungen wie Angst, Krankheiten, Vorurteilen und Problemen im einzelnen befassen. Bevor wir jedoch in die Details gehen, wollen wir uns noch einmal ganz bewußtmachen, warum wir loslassen:

- Wir wollen unser Leben glücklicher und erfüllter gestalten.
- Das ist nur durch Vollkommenheit möglich.

Der Grundgedanke dieses Buches ist deshalb der Harmonie gewidmet. Alles, was wir anstreben, ist: Harmonie wachsen zu lassen, sie wiederzufinden, sie zu vergrößern, so daß wir von Harmonie durchströmt werden und unsere Schwingungen sich ausbreiten und ihren Weg über die ganze Welt finden mögen.

Wenn auch die Saite eines Instruments die Fähigkeit zum Tönen hat – sie muß berührt werden, um zu klingen.

(I-Ging)

Kapitel 3: Wie lernen wir loszulassen?

Der größte Lernprozeß findet in uns selbst statt – in unserem Bewußtsein, über unsere Gedanken und Gefühle. Wenn wir einmal verinnerlichen, daß jeder Augenblick eine einmalige Chance bietet, dann wird uns vielleicht auch bewußt, wie viele Chancen wir bereits in diesem Leben vergeudet, wie viele Chancen wir überhaupt nicht gesehen und wie viele wir nicht genutzt haben. Jede Chance, also jeder Augenblick, der ungenutzt bleibt, ist für immer vorbei – er kommt nie mehr zurück. Ob wir jemals wieder eine gleiche oder ähnliche Chance bekommen, wissen wir nicht. Wir sollten deshalb immer bemüht sein, jede Gelegenheit, die sich uns bietet, positiv zu nutzen. Leben Sie ganz bewußt im Hier und Jetzt. Nehmen Sie alles wahr, was um Sie herum vorgeht, nehmen Sie wahr, was in Ihnen geschieht, seien Sie wach. Je bewußter Sie den Moment leben, desto eher werden Sie die Chance des Augenblicks erkennen und dann auch nutzen können.

Disziplin und Gedanken = Gedankendisziplin

Wir benötigen Disziplin, damit wir den Augenblick nutzen können. Wir beherrschen unsere Gedanken. WIR entscheiden, WAS wir denken. Deshalb gilt auch hier wieder: *bewußt werden*. Werden Sie sich Ihrer Gedanken bewußt: Denken Sie viel? Was denken Sie? An wen denken Sie, und vor allem, WIE denken Sie?

Fragebogen *Gedanken*

Legen Sie eine Liste an, auf der Sie Ihre Gedanken notieren, aufgeteilt in positive und negative Gedanken. Nehmen Sie sich jeden Abend 10 Minuten Zeit, lassen Sie im Geist den Tag noch einmal an sich vorbeiziehen und fragen Sie sich:

- Worüber habe ich heute nachgedacht?
- Wie waren meine Gedanken – positiv oder negativ?
- Habe ich mich geärgert?
- Habe ich mich gefreut?
- Konnte ich Positives in jeder Situation entdecken?
- Haben sich meine Gedanken realisiert?
- Ist es mir gelungen, Probleme zu lösen?
- Habe ich eine gute Atmosphäre durch meine Gedanken geschaffen?
- Habe ich den Tag mit einer positiven Einstellung begonnen?
- Wie beende ich diesen Tag?

Machen Sie Striche – waagrechte Striche, kurze oder lange – für die Länge und Intensität Ihrer positiven oder negativen Gedanken. Haben Sie sich über sich oder über andere geärgert, dann sind das natürlich negative Energien. Sie ändern nichts durch Ärger, vielmehr belasten Sie nur sich selbst.

Nach einer Woche Gedankenüberprüfung zeigt Ihnen Ihre Liste, wo der Schwerpunkt Ihrer Gedanken liegt. Selbst wenn Ihre positiven zu den negativen Gedanken im Verhältnis 50 zu 50 stehen, so ist das ein hinreichender Grund, intensiv an sich zu arbeiten und zu lernen, positiver zu denken. Sie können ohne weiteres den 50-Prozent-Anteil negativer Gedanken auch auf die Positivseite bringen. Das geschieht, wenn Sie sich Ihrer Gedanken bewußt werden. Dieses Stadium erreichen Sie durch konsequente Arbeit mit obigem Fragebogen.

Nach der Klärung Ihrer Gedankensituation geht es nun an die praktische Arbeit, an die Disziplin: Sobald Sie merken, daß sich ein negativer Gedanke einschleicht, stoppen Sie ihn sofort. Sagen Sie nicht: Es kommt mir ein Gedanke; denn SIE sind es, der denkt. Halten Sie inne mit jedem negativen Gedanken. Seien Sie lieber konstruktiv. Wenn Sie keinen positiven Aspekt sehen, dann suchen Sie einen. Es gibt keine Situation, in der Sie nicht fündig werden! Betrachten Sie die Dinge von einer anderen Seite – denken Sie anders, denken Sie neu, denken Sie konstruktiv und positiv. Bestimmt sind Sie erstaunt über die vielen Blickwinkel, die es gibt, wenn Sie sich nur einmal die Mühe machen, alte Muster loszulassen.

Selbst an Menschen, an denen Sie nichts Liebenswertes sahen, werden Sie Positives entdecken können. Nehmen Sie vielleicht die berühmte Schwiegermutter, die Sie nicht so gerne mögen, weil sie sich immer in Ihre Familienangelegenheiten einmischt. Sobald Sie Ihre Schwiegermutter sehen, entsteht in Ihnen sofort ein Gefühl der Ablehnung.

Gehen Sie von heute an einmal ganz anders an die Sache heran: Fragen Sie sich einmal, was Ihre Schwiegermutter für die Familie tut. Denken Sie daran, daß Sie immer wunderbar mit Kuchen versorgt werden, daß Ihre Schwiegermutter die Kinder hütet und Ihnen auch ab und zu beim Fensterputzen hilft. Wenn es Ihnen gelingt, Ihre Grundeinstellung zu verändern, haben Sie schon viel erreicht. Doch das genügt noch nicht. Der nächste Schritt ist genauso wichtig: Ihr Verhalten.

Beim nächsten Besuch loben Sie Ihre Schwiegermutter einfach einmal. Ihre Schwiegermutter, positiv angesprochen, wird ihre positiven Eigenschaften weiter verstärken. Die Basis für Ihre Beziehung ändert sich, das Miteinander wird harmonischer und friedlicher und für beide Seiten eine Bereicherung. Ein solcher Prozeß geht dann automatisch vor sich, wenn Sie die richtigen Impulse setzen. Sie dürfen allerdings nicht erwarten, daß Ihre Schwiegermutter sich sofort ändert. Auch Sie haben sich ja nicht von heute auf morgen geändert, sondern brauchten Einsichten und Zeit zur Umsetzung.

Wenn Sie Ihre Gedanken überprüft haben, dann stellen Sie fest, ob sich bei Ihnen gewisse negative Gedankenkomplexe verankert haben. Derartige Gedanken sollten Sie auf einem Extrablatt notieren. Dabei kann es sich um persönliche Aversionen gegenüber bestimmten Menschen handeln, um Arbeitsunlust, um eine negative Einstellung zum Leben generell oder zu sich selbst. Vielleicht merken Sie erst jetzt, daß Sie dazu tendieren, alles von der negativen Seite zu sehen. Sei das eine Theateraufführung, eine neue Arbeit oder das Bauvorhaben eines Bekannten. Alles geht nach dem Motto: „Nun, das kann sowieso nichts werden.“ Und damit haben Sie auch recht. Mit einer solchen Einstellung kann gar nichts Gutes entstehen: Das Theaterstück gefällt Ihnen nicht, der neue Job macht keinen Spaß, und die Freundschaft wird belastet. Aber es liegt in Ihrer Hand – Sie können alles auch anders sehen.

Betrachten Sie Ihr Problem, die wiederkehrenden negativen Gedanken, von allen Seiten. Sehen Sie solche Situationen von einer neutralen Basis aus; erkennen Sie die positiven Aspekte. Und wenn Sie wirklich überhaupt nichts Positives finden können, dann schaffen Sie selbst einen positiven Aspekt. Werden Sie kreativ, entwickeln Sie detektivische Fähigkeiten – und seien Sie stolz auf sich, wenn Sie erfolgreich waren. Wenn Sie dann irgendwann wieder mit einem bekannten Problem konfrontiert werden, dann erinnern Sie sich an die Gedanken, die Sie sich jetzt gemacht haben. Denken Sie positiv, und falls Sie es immer noch nicht glauben:

Alles wird sich positiv entwickeln!

Neigungen zu haben und sie zu beherrschen ist rühmlicher, als Neigungen zu meiden.

(Novalis)

Gedankensuggestion

„Ich bin der Meister meiner Gedanken – ich entscheide, was ich denke, an wen ich denke und welche Energien ich meinen Gedanken gebe. Ich entscheide mich für das Schöne, für das Positive und das Aufbauende. Ich erfülle jeden Gedanken mit Liebe – Liebe zu mir, zu meinen Mitmenschen, meiner Umwelt. In mir wächst Harmonie und Freude, die sich in jedem Gedanken ausdrückt. Ich weiß, daß jeder Gedanke eine starke Kraft ist, die sich materialisiert. Ich bin, was ich denke. Ich bin ein strahlendes Licht. Durch meine Gedanken und die daraus folgenden Taten gebe ich dieses Licht weiter. Mir ist es gegeben, alles zum Guten zu verändern, und ich freue mich auf diese Aufgabe, die ich jeden Tag mit Elan angehe. Ich denke an das Schöne, und das Schöne wird wahr. In mir ist Ruhe und Harmonie. Alles ist gut, so wie es ist."

Machen Sie eine Übung, um Ihre Gedanken zu trainieren:

Nehmen Sie 10 negative Gedanken, die Sie in positive Gedanken umwandeln.

Beispiel:

negativ	*positiv*
– Ich bin so müde!	– Auf diese Weise kann ich gut schlafen.
– Immer ist das Wetter am Wochenende schlecht!	– Ich kann wunderbar herumtrödeln, endlich die Post erledigen, Hausputz machen oder Freunde einladen.
– Ich mag meinen Nachbarn nicht.	– Er ist ein ruhiger Mensch, mit dem ich keinen weiteren Kontakt pflegen muß.
– Ich bin sauer, weil ich keine Konzertkarten bekommen habe.	– Ich habe eine Menge Geld gespart und kann mir eine Schallplatte kaufen.
– Ich hatte einen Autounfall.	– Gut, daß es nur ein Blechschaden ist.

Konzentration

Disziplin ist untrennbar mit Konzentration verbunden. Konzentration beinhaltet das Wort „Zentrum“ und bedeutet, seine ganze Aufmerksamkeit auf einen Punkt zu richten, ihn zum Zentrum zu machen. Und zwar genau den Punkt, mit dem Sie sich gerade beschäftigen. Dabei ist es unwesentlich, ob Sie einen Vertrag entwerfen oder die Petersilie für den Salat schneiden. Alles, was Sie tun, sollten Sie konzentriert machen, denn dann tun Sie es effektiv und erzielen die besten Ergebnisse.

Auch alles, was Sie erleben, sollten Sie bewußt erleben, denn das gehört zur Konzentration auf den Augenblick. Wichtig ist immer nur das, was Sie gerade machen.

Nicht alles, was eilig ist, ist wichtig. Lernen Sie, wesentliche von unwesentlichen Aufgaben zu unterscheiden, teilen Sie auf in eilige Angelegenheiten und Termine, die warten können. Setzen Sie Prioritäten. Erledigen Sie zuerst das, was für Sie wichtig ist, und konzentrieren Sie sich auf das, was Sie gerade tun. Auf diese Weise werden Sie gute Leistungen erzielen, weil Ihre ganze Aufmerksamkeit auf Ihre Tätigkeit gerichtet ist. So nutzen Sie jeden Augenblick am sinnvollsten. Wir wissen, daß jeder Augenblick eine Chance ist.

Sie schreiben einen Brief. Und während Sie schreiben, denken Sie bereits daran, daß Sie noch Wäsche waschen müssen und Herr Meier auf Ihren Anruf wartet. Für Ihren Brief brauchen Sie garantiert viel länger, weil Sie nicht konzentriert dabei sind. Sie werden auch nicht zufrieden sein mit dem Resultat. Sie haben Ihre Energien verstreut, Sie haben sie Herrn Meier gewidmet und dem

Wäschewaschen. Dabei blieb der Brief auf der Strecke. Entweder schreiben Sie ihn noch einmal oder Sie schikken ihn ab, unzufrieden mit sich selbst.

Jetzt gerade lesen Sie diese Zeilen. Beginnen Sie gleich, die neuen Erkenntnisse umzusetzen: Lassen Sie los von allen Gedanken, die nichts mit unserem Thema zu tun haben und die Sie davon abhalten, diese Worte konzentriert in sich aufzunehmen.

Konzentrationsübung

Setzen Sie sich einmal ganz bequem hin und sorgen Sie für Ruhe; atmen Sie tief durch, bis Sie ganz ruhig werden. Sie spüren, wie Ihr Atem Ihren Körper durchströmt, wie Ihre Bauchdecke sich langsam hebt und senkt. Sie spüren Ihren Atem und lassen Ihre Gedanken los. Nun stellen Sie sich eine Sommerwiese vor. Sie sehen eine wunderbare grüne Wiese, übersät mit bunten Blumen. Konzentrieren Sie sich einmal auf diese Wiese. Freuen Sie sich am blauen Himmel, hören Sie die Vögel zwitschern – beobachten Sie, wie eine Hummel von einer Blüte zur anderen fliegt – sehen Sie, wie die Blumen sich im Wind wiegen. Konzentrieren Sie sich auf diese Wiese. Sie sehen eine wunderbare Sommerwiese, und wenn Sie sich jetzt auf Ihren Geruchssinn konzentrieren, dann können Sie sogar die Blumen riechen. Sie riechen den Sommer.

Genießen Sie dieses Gefühl. Fühlen Sie sich wohl auf Ihrer Sommerwiese. Wenn Sie sich genügend ausgeruht haben, dann kehren Sie langsam ins Hier und Jetzt zurück. Sie kehren ins Hier und Jetzt zurück, öffnen die Augen und fühlen sich wohl.

Wenn Sie Ihre Sommerwiese, Ihre ganz persönliche Wiese, gesehen, gespürt und gerochen haben, dann wissen Sie, daß Sie sich sehr gut konzentrieren können. Diese Wiese ist lediglich ein Ausdruck Ihrer konzentrierten Gedanken – Ihrer Imaginationsfähigkeit, die wiederum nur durch die Konzentration möglich ist.

Was man tut, muß man gründlich machen; selbst eine Torheit.

(Balzac)

Ziele festlegen

Unser Ziel ist es, alles loszulassen, was uns nicht glücklich macht, damit wir frei werden, um unseren Weg zur Vollkommenheit gehen zu können. Dies ist unsere Lebensaufgabe und unser Hauptziel, aber es bleibt auch Platz für persönliche Ziele, die wir noch herausfinden müssen. Der folgende Fragebogen soll Ihnen dabei helfen. Um sich selbst besser kennenzulernen, Ihren Weg klarer vor sich zu sehen und letztendlich auch um sich und Ihre Mitmenschen besser „er-kennen“ zu können, sollten Sie diese Fragen möglichst exakt beantworten.

- Wie sieht meine Vorstellung vom Idealzustand des Lebens aus?
- Was möchte ich im Privatleben erreichen?
- Was möchte ich beruflich/gesellschaftlich erreichen?
- Welche Neigungen und Fähigkeiten habe ich und will ich weiter ausbauen?
- Bin ich ausgeglichen?
- Kann ich mich noch freuen?
- Bin ich glücklich/zufrieden/fehlt mir etwas?
- Was für sportliche Ambitionen habe ich? Welche Art von Weiterbildung und Hobbys interessiert mich?
- Bin ich geistig ausgefüllt?
- Wie steht es mit meiner Gesundheit?
- Tue ich genügend für meinen Körper?
- Welche Träume/Vorstellungen/Ideen habe ich?
- Was habe ich davon erreicht?
- Was habe ich noch nicht erreicht?
- Wie wichtig sind mir diese Ziele?
- Was macht mich glücklich – momentan/langfristig?

Nachdem Sie den Fragebogen durchgearbeitet haben, treffen Sie Ihre Entscheidung, welche Ziele Sie konkret angehen wollen – notieren Sie sie in der Reihenfolge ihrer Wichtigkeit.

Ich möchte erreichen:

____

____

____

Ziehen Sie nun einmal einen senkrechten Strich auf einem Blatt Papier. Das obere Ende des Strichs zeigt Ihr Ziel an. Nun markieren Sie Ihren augenblicklichen Standpunkt in entsprechender Höhe. Nehmen Sie jeweils eine andere Farbe für Privatleben, Karriere, Gesundheit etc.

Jetzt wissen Sie schon viel mehr. Sie sehen klarer, kennen Ihren augenblicklichen Bewußtseinsstand. Sie wissen, was Sie noch wollen und was davon realistisch und erstrebenswert ist. Wenn Sie es nicht allein bei diesem Wissen belassen wollen, dann haben Sie jetzt die beste Möglichkeit, Ihre Ziele auch zu erreichen.

Geistige Entwicklung

Erst wenn wir uns auch kennenlernen und selbst erfahren, dann können wir uns weiterentwickeln. Jeder Mensch steht in seiner geistigen Entwicklung auf der Stufe, die seinem derzeitigen Bewußtseinszustand entspricht. Das Leben bietet uns vielfältige Möglichkeiten zur Weiterentwicklung. Jeder Tag gibt uns die Möglichkeit, neue Erkenntnisse und Erfahrungen zu gewinnen und zu lernen. Auf solche Begebenheiten können wir aufbauen, dadurch zu anderen Einsichten gelangen und damit unser Bewußtsein erweitern und höhere Bewußtseinsstufen erreichen.

Aber nicht jeder erfolgreiche Mensch steht auch geistig auf hohem Niveau. Es wäre sicher sehr lustig, wenn wir jeden Menschen in dem geistigen Kleid sehen könnten, das seinem geistigen Alter entspricht. Was glauben Sie, wie viele Menschen noch in ihrem Konfirmationsanzug herumlaufen würden, obwohl sie schon die 60 weit überschritten haben. Übrigens – wie sieht Ihre geistige Kleidung aus? Die geistige Entwicklung hat nichts zu tun mit äußerem Erfolg oder Intellekt, sie findet auf einer anderen Ebene statt.

Nehmen wir einmal Lob und Tadel. Jeder freut sich, wenn er für etwas gelobt wird, was er gut gemacht hat. Das ist ganz normal, und wir nehmen das Lob gern an. Wenn wir jedoch kritisiert werden, dann sieht das etwas anders aus. Meistens ärgern wir uns zuerst und finden die Kritik ungerecht. Dann schreiten wir zur Tat und greifen den Kritiker an, machen ihn schlecht. Das tut uns zwar momentan gut, ändert jedoch am Sachverhalt gar nichts.

Wenn wir aber erkennen, daß eine Kritik nur so gut ist wie der Mensch, der sie ausspricht, können wir ganz neue Erkenntnisse gewinnen. Es könnte sein, daß wir einen Fehler gemacht haben, der uns noch nicht bewußt war, dann sollten wir dem Kritiker dankbar dafür sein. Wir haben dadurch die Gelegenheit, unseren Fehler zu erkennen und das nächste Mal besser und richtiger zu handeln.

Wenn wir jedoch keinen Fehler gemacht haben, können wir dem Kritiker nicht zustimmen, aber wir können Verständnis für seine Situation haben. Er sieht die Dinge aus seiner Perspektive, also aus seiner Bewußtseinsebene, die nicht unserem Bewußtseinsstand entspricht. In diesem Fall können Sie ganz beruhigt die Kritik loslassen, sie ist unwichtig für Sie – denn sie entspricht nicht Ihrem Bewußtsein.

An diesem einfachen Beispiel sehen Sie, daß nicht jeder Ihr Freund sein kann. Es kann auch nicht jeder Ihr Lehrer sein. Aber Sie können immer bereit sein zu lernen.

Ein anderes Beispiel ist die Egofalle: Jemand gibt Ihnen einen guten Rat und sagt Ihnen, wie Sie sich in einer bestimmten Situation besser verhalten könnten. Ihr Ego flüstert Ihnen zu: „Das brauche ich doch überhaupt nicht. Der andere tut es schließlich auch nicht, der kann ja nur leicht reden."

Wenn Sie einen solchen Weg einschlagen, betrügen Sie sich um eine wichtige Erkenntnis: nämlich, daß die Wahrheit nicht von den Taten des Menschen abhängig ist, der Ihnen einen guten Rat gibt. Er gibt Ihnen mit seinem Ratschlag lediglich die Chance, eine Wahrheit zu realisieren. Sehen Sie jedoch nur, daß er selbst nicht nach seinen eigenen Erkenntnissen lebt, dann bringen Sie sich um eine wertvolle Erfahrung. Was haben Sie aus unserem Beispiel noch gelernt? Sie haben gelernt, daß ein Unterschied zwischen einer Botschaft und demjenigen besteht, der Ihnen diese Botschaft übermittelt. Wie leicht sind wir doch geneigt, beides miteinander zu verquicken. Lernen Sie zu unterscheiden, erhalten Sie sich einen klaren Blick und ein offenes Herz, und Sie werden viel Neues erleben, werden wunderbare Erfahrungen machen können. Sie werden Perspektiven erkennen, die Ihnen bisher verborgen blieben.

Ihr Ego ist ein netter kleiner Bursche, der Ihnen viele Streiche spielt und der immer fauler und fetter wird. Er möchte nur den bequemen Weg gehen und tut alles, damit Sie ihm diese Bequemlichkeit ermöglichen. An Ihnen liegt es, dieses Ego zu zähmen und zu zügeln, ihm zu sagen, welchen Weg es gehen soll. Vielleicht können Sie mit Ihrem Ego leichter umgehen, wenn Sie in ihm eine kleine Person sehen, ein kleines Männchen – liebenswert, freundlich, aber sehr eigenwillig und äußerst faul.

Nicht stehenbleiben, sondern nach vorne schauen und den Weg weitergehen, das ist unsere Devise. Den Ballast der Vergangenheit müssen wir zurücklassen, die Vergangenheit loslassen und frei werden für das Neue. Wenn wir etwas wollen, dann müssen wir auch etwas dafür tun. Wenn wir keinen Krieg möchten, dann sollten wir für Frieden sorgen. Das beginnt nicht in der Weltpolitik, sondern zuerst einmal bei uns selbst. Schaffen wir Frieden in uns, in unserer Familie, am Arbeitsplatz, im Freundeskreis. Frieden, der eine fundierte Basis hat, breitet sich aus und wird Bestand haben.

Den Frieden in uns finden wir, wenn wir uns annehmen, wenn wir unser Leben annehmen und ja dazu sagen. Sie werden feststellen, daß dies nicht einfach ist. Es bedeutet ständige, harte Arbeit an sich, Disziplin und Geduld. Aber der Lohn für die Arbeit ist reichlich.

Um mit anderen Menschen in Frieden leben zu können, bedarf es vor allem der Toleranz. Suchen Sie sich aus Ihrem Bekanntenkreis jemanden, mit dem Sie nicht gut zurecht kommen, weil er ein unfreundliches Wesen hat. Sie treten ihm positiv gegenüber, sind immer entgegenkommend und freundlich, ja sogar herzlich zu ihm.

Nach ein paar Wochen stellen Sie fest, daß sich immer noch nichts geändert hat. Ihr Bekannter ist immer noch so, wie er war – Ihre ganze Freundlichkeit hat bei ihm nichts bewirkt.

Dennoch sollten Sie ihm besonders dankbar sein, denn er ist ein guter Lehrer für Sie. Er macht Ihnen doch bewußt, wie es um Ihre Toleranz bestellt ist. Sie möchten durch Ihr Verhalten erreichen, daß der andere sich ändert, daß er freundlicher wird, daß er sich ein Beispiel an Ihnen nimmt. Warum eigentlich? Er hat das Recht, so zu leben, wie er will – er kann sein ganzes Leben lang unfreundlich sein, und wenn er es will, kann er viele Leben hindurch unfreundlich sein. Es ist nicht unsere Aufgabe, ihn zu ändern. Unsere Aufgabe ist es, zu akzeptieren, zu tolerieren und zu handeln, ohne eine Gegenleistung zu erwarten. In unserer Meditation sagen wir: „Ich nehme jeden Menschen an, wie er ist." Solange wir jedoch nur die leiseste Erwartung an jemanden haben, bleiben solche Worte nur leere Worte.

Überprüfen Sie einmal Ihre Einstellung, indem Sie versuchen, alle Ihre Bekannten zu akzeptieren. Wie oft sagen Sie dann: „Ich würde Dieter schon akzeptieren, wenn er nur diese schrecklich laute Art nicht hätte"? Seien Sie dankbar für jeden Menschen, der Ihnen auf seine Art und Weise einen Spiegel vor die Augen hält, der Ihnen zeigt, wo in Ihnen selbst noch ein Mangel herrscht.

Alles, was Ihnen geschieht, zeigt Ihnen Ihre Einstellung und Ihr Verhalten. Die Umwelt reflektiert genau das, was Sie aussenden, so, wie an einem schönen Sommertag das Mauerwerk die Hitze reflektiert und am Abend die Steine immer noch die Wärme der Sonne ausstrahlen, so wirkt auch Ihre Ausstrahlung. Alles, was Sie geben, kommt zu Ihnen zurück; manchmal nicht unmittelbar, manchmal erkennen Sie es nicht – aber Sie werden es spüren. Und je tiefer Sie in diese Materie eindringen, desto sensibler werden Sie für derartige Schwingungen.

Wenn Sie inzwischen erkannt haben, daß Sie Ihren unfreundlichen Bekannten nicht ändern können, dann sollten Sie sich fragen, warum Sie ihn eigentlich nicht mögen. Wir sind alle Geschöpfe Gottes, und Gott ist in jedem von uns. Wir sind alle eins, so ist auch Ihr Bekannter ein Teil des großen Bewußtseins, von dem Sie wiederum ein Teil sind. Warum mögen Sie ihn dann nicht? Wenn Gott ihn akzeptiert, wie kommen Sie dazu, ihn – und damit gleichzeitig Gott in ihm – abzulehnen? Sie erkennen hier schon wieder einen Mangel in sich: Sie urteilen, verurteilen und urteilen jemanden ab. Ihre eigene Einstellung ist veränderungsbedürftig, wenn Sie so denken. Versuchen Sie, Ihre Mitmenschen zu lieben – auch wenn es Ihnen bei dem einen oder anderen schwerfällt. Sprechen Sie das Positive in ihm an, und das Positive wird Ihnen antworten – dann fällt es Ihnen nicht mehr schwer, zu lieben.

Durch einen solchen Entwicklungsprozeß nutzen Sie die Chance, die Ihnen das Leben gibt, um sich zu entwikkeln, um zu reifen und zu wachsen. Es ist harte Arbeit, aber Sie werden die Früchte dieser Arbeit ernten können.

Liebe ist überhaupt ein „wunderbares" Mittel, das in jedem Bereich des Lebens wahre Wunder bewirken kann. Wie oft sind unterschiedliche Meinungen Auslöser für lang anhaltende Streitigkeiten. Doch das ist nicht nötig. Es ist nur natürlich, daß jeder Mensch aufgrund seiner persönlichen Erfahrung und seines individuellen Charakters auch seine eigene Meinung hat, die selbstverständlich nicht immer im Einklang mit der seiner Mitmenschen stehen kann. Wer seine Mitmenschen liebt und in der Lage ist, dies zu akzeptieren, wird keine Probleme in dieser Hinsicht mehr haben. Er liebt den anderen und nimmt ihn an – so wie er ist, mit seiner Meinung und seiner Erfahrung und seinem Wesen. Abgesehen davon, wer weiß schon, welche Meinung die richtige ist? Jeder glaubt doch, er hätte recht. Doch was ist wirklich das Richtige?!

Solange wir eins in der Liebe sind, solange die Liebe die verbindende Kraft ist, so lange stören unterschiedliche Meinungen nicht. Jeder kann seiner politischen Partei anhängen, kann seine Religion haben, sein Leben leben.

Bringen wir uns selbst in Ordnung, denn Ordnung beginnt innen und entwickelt sich nach außen. Dazu benötigen wir:

- Disziplin
- Gedankendisziplin
- Konzentration
- Bereitschaft zu geistiger Weiterentwicklung
- Berücksichtigung des Ursache- und Wirkungsprinzips
- Bewußtes Leben und Erleben
- Harmonie in uns und unserem Umfeld

Lächeln

Alles ist viel leichter, wenn es von einem Lächeln begleitet wird. Lächeln Sie sich selbst an, denn Sie sind ein liebenswerter Mensch. Beginnen Sie jeden Tag mit einem Lächeln: Begrüßen Sie sich morgens im Spiegel mit einem Lächeln. Und dann lächeln Sie die ersten zehn Menschen an, die Ihnen begegnen. Für jeden von ihnen ist der Tag freundlicher und fröhlicher – Ihr Lächeln wird weitergegeben, vergrößert sich und breitet sich aus. Sie können sicher sein, daß Ihr Lächeln – morgens von Ihnen ausgesandt – sich am Abend verhundertfacht hat.

Die kürzeste Entfernung zwischen zwei Menschen ist ein Lächeln. Ein Pfeil kann sein Ziel verfehlen, ein Lächeln nie. Sie sehen, daß wir mit dem Lächeln ein starkes, friedvolles Instrument besitzen, um die Welt besser zu machen: Wir ändern einen Teil der Welt – uns nämlich. Und dadurch ändern wir die ganze Welt.

Wenn Sie lächeln, dann verändern Sie etwas: Die Welt ist anders, als sie war. *Sie* haben dadurch einen Teil der Welt geändert. Geben Sie anderen Ihr Lächeln – es wirkt wie ein Feuer, zündet andere Feuer an, die wiederum Feuer entzünden. Lächeln macht stark.

Achten Sie auf Ihren Gesichtsausdruck, wenn Sie zur Arbeit gehen oder wenn Sie Ihre Hausarbeit verrichten. Sie haben doch nicht etwa hängende Mundwinkel? Ich höre Sie sagen: „Ich fühle mich heute nicht so gut, ich kann mich auch einmal hängenlassen, das geht ja niemanden etwas an!“ Wenn Sie so durchhängen, dann schwächen Sie nicht nur sich selbst, sondern Ihr gesamtes Umfeld. Lassen Sie alles Negative los, lächeln Sie! Sie werden merken, daß alles gleich viel besser aussieht!

Kapitel 4: Was lassen wir los?

Im Rahmen eines großen Hausputzes räumen Sie bestimmt Ihre Wohnung ab und zu einmal gründlich aus, sortieren, was Sie behalten möchten, und trennen sich von alten unnützen Gegenständen. Nach demselben Schema sollten Sie eine seelische Großreinigung durchführen. Die Zeit für eine Bestandsaufnahme ist reif. Durchstöbern Sie Ihr Gedankengebäude wie einen alten Speicher. Kramen Sie versteckte Gedankenmuster hervor, auch wenn sie schon ein bißchen angestaubt sind. Gerade die alten, „versteckten“ Gedankenmuster, die Ihnen vielleicht gar nicht so bewußt sind, prägen Ihr Verhalten.

Gehen Sie in aller Ruhe durch Ihren Gedankenspeicher und sehen Sie sich genau um. Schauen Sie nach links und rechts, nach oben und unten. Und dann entscheiden Sie, welche Gedanken es wert sind, behalten zu werden, welche Gedanken konstruktiv, ausbaufähig und positiv sind. Entscheiden Sie sich dann, von welchen Gedanken Sie sich trennen möchten. Am besten geht das, wenn Sie das Ergebnis Ihrer Aufräumungsarbeit schriftlich festhalten. Notieren Sie alle Gedanken, die Ihnen lieb sind und die Sie verstärken wollen.

Negative, störende Gedanken notieren Sie am besten auf einem gesonderten Blatt, damit Sie immer einmal nachsehen können. Sie haben sich jetzt beispielsweise dafür entschieden, sich von den Gefühlen des Neids auf Ihren Nachbarn, von den Gefühlen der Unzufriedenheit über ihr eigenes Leben trennen zu wollen. Sie möchten von jetzt ab in jedem Menschen erst einmal das Positive sehen. Sie haben sich für das Positive entschieden. Herzlichen Glückwunsch zu diesem Schritt!

Liste der negativen Gedanken

Ich lasse folgende Gedanken los:

1. ______________________________

2. ______________________________

3. ______________________________

4. ______________________________

5. ______________________________

Lösen Sie alles Negative auf:

Entweder nehmen Sie Ihre negativen Gedanken und packen sie in eine Schachtel, die Sie gut verschnüren und irgendwo in den Speicher in eine dunkle Ecke stellen. Dort lassen Sie die Schachtel stehen.

Oder Sie werfen Ihre Gedanken einfach aus dem Fenster. Schreiben Sie alles Negative auf ein (oder mehrere) Blatt Papier und zerschneiden es dann in ganz kleine Stücke, die Sie in eine große Tüte pakken. Anschließend gehen Sie auf einen Turm oder in den obersten Stock Ihres Hauses, greifen in die Tüte und werfen mit vollen Händen Ihren negativen Ballast weg. Mit Freude schauen Sie zu, wie die Papierschnitzel langsam davonfliegen.

Genauso lassen Sie Ihre negativen Gedanken los. Lassen Sie sie dahinziehen – ohne Groll und Vorwürfe. Auch sie hatten eine Bedeutung für Ihr Leben und waren notwendig für Ihre Entwicklung. Jetzt aber ist diese Phase beendet, und Sie gehen neue Wege, haben neue Ziele, und dazu benötigen Sie innere und äußere Freiheit.

Unbewußtes Denken

Natürlich geschehen keine Wunder, und eine Veränderung vollzieht sich nicht von heute auf morgen. Jahrelang praktizierte Verhaltensweisen haben sich tief eingeprägt und bestimmen heute Ihr Leben noch (und vielleicht auch morgen noch). Aber Sie leben jetzt bewußter, können negative Gedanken klar erkennen und daran arbeiten, sie aufzulösen. Ein neues Bewußtsein ist die Basis für eine Veränderung Ihres Lebens.

Denken Sie einmal zurück. Wie oft haben Sie gedankenlos Sätze wie „das Wetter hat mich davon abgehalten zu kommen" benutzt? Solche Sätze spiegeln die Grundlebenseinstellung wider, zeigen deutlich eine passive Haltung, zeigen unbewußte Verhaltensmuster. Niemand kann zu etwas gezwungen werden – es sei denn, er läßt sich zwingen. Ob es sich dabei ums Wetter oder einen anderen Menschen handelt, spielt im Endeffekt keine Rolle. Entscheidend ist, daß der Betroffene eine passive Rolle wählt, die seinem Denkmuster entspricht. Wäre er sich seiner Worte bewußt, dann könnte er erkennen, daß andere Menschen oder die „Umstände" über ihn bestimmen, weil er ihnen die Macht gibt, sein Handeln zu beherrschen.

Wer sich seiner Lebensumstände so wenig bewußt ist, wer andere über sich bestimmen läßt, der beherrscht weder seine Gefühle noch sein Leben. Er läßt sich beherrschen! Die größte Aufmerksamkeit sollten Sie deshalb Ihren Gedanken schenken: Jeden Moment sollten Sie bewußt leben und dann selbst entscheiden, was zu tun ist. Ihre Gedanken verwirklichen sich, sie sind die Ursache für alles, was in Ihrem Leben geschieht.

Wenn Sie sich mit destruktiven Gedanken die Gegenwart schwermachen, dann können Sie davon ausgehen, daß Ihre Zukunft auch nicht viel besser wird. Dazu ein Beispiel: Erich hatte nach langen Jahren des Suchens eine wunderschöne Wohnung gefunden. Ganz genau so, wie er sie sich immer vorgestellt hatte: Blick aufs Gebirge, in einer schönen Landschaft, verkehrsgünstig gelegen und dazu noch erschwinglich. Er hatte auch reizende Nachbarn und fühlte sich schon nach einigen Tagen ausgesprochen wohl in der neuen Umgebung. Nach einem halben Jahr ließ die Freude nach – er begann zu klagen und zu jammern, weil sein Mietvertrag nur für fünf Jahre ausgestellt war. Dann sollte der Sohn des Besitzers die Wohnung übernehmen. Immer wenn wir Erich trafen, konnten wir sicher sein, schnell beim Thema Mietvertrag anzulangen. Erich fragte sich, warum gerade er aus dieser wunderbaren Wohnung ausziehen sollte, warum gerade ihm ein solches Unglück widerfahren mußte. Und sein Lamentieren endete stets mit dem Satz: „So eine schöne Wohnung bekomme ich nie wieder."

Erich ist ein Paradebeispiel für die Macht unkontrollierter Gedanken. Er verleidet sich viereinhalb Jahre seines Lebens durch seine Gedanken, dabei weiß er noch nicht einmal, ob er tatsächlich ausziehen muß. Seine Gedanken an einen Wohnungswechsel haben sich bei ihm schon so tief verankert, daß er dadurch die befürchtete Situation gerade erst anziehen wird.

Aber was erreicht Erich mit seinen Gedanken? Er blickt pessimistisch in die Zukunft, verleidet sich die Gegenwart, hat keine Freude und setzt keine Ursachen für eine Verbesserung. Wenn er tatsächlich ausziehen muß, so hilft ihm das Jammern nicht. Er sollte lieber jeden Tag genießen, sollte sich freuen, daß er überhaupt fünf Jahre lang eine schöne Wohnung bewohnen durfte. Außerdem kann in vier oder fünf Jahren sehr viel passieren. Die Umstände können sich grundlegend ändern. Die Wohnung könnte ihm zum Kauf angeboten werden; er könnte heiraten, und die Wohnung wäre dann zu klein, es könnte sein, daß der Sohn des Besitzers die Wohnung doch nicht beziehen will.

Es gibt so viele Möglichkeiten, was passieren könnte, doch allein durch Erichs innere Haltung werden all solche Chancen bereits im Keim erstickt. Erich ist davon überzeugt, daß er Pech hat, und deshalb wird er in fünf Jahren ausziehen müssen. Wäre er offen für Neues, würde er positiv denken und gelassen darauf warten, daß sich sein Wunsch – länger in dieser Wohnung zu leben – realisiert, so würde er sich die besten Chancen einräumen.

Sie haben sich Ihre negativen Gedanken bei den „Aufräumungsarbeiten“ bewußtgemacht. Durch gezieltes Training können Sie negative Gedanken ganz und gar auflösen. Gehen Sie einmal schrittweise vor. Nehmen Sie ein Problem nach dem anderen. Verlangen Sie nicht zu viel von sich. Sie sind schließlich auch nur ein Mensch. Aber Sie wollen ja ein besserer und vollkommenerer Mensch werden, und das gelingt in kleinen, aber sicheren Schritten am besten und im Endeffekt auch am schnellsten.

Suchen Sie einen negativen Gedankenkomplex heraus und befassen Sie sich jeden Tag ein wenig damit – allerdings nicht in negativer, sondern in positiver Weise. Wandeln Sie Ihre „Befürchtungen“ positiv um.

Bleiben wir bei Erich: Er könnte sich jeden Tag vorstellen, daß er in dieser Wohnung leben kann, für immer. Gleichzeitig sollte er sich bewußtmachen, wie glücklich er ist, weil er diese Wohnung gefunden hat. Er sollte sein Glück genießen, ganz bewußt seine Augen öffnen, den Blick um sich schweifen lassen und sich über den wunderbaren Ausblick und die netten Nachbarn freuen. Wenn er all diese positiven Aspekte sieht, dann kann er gar nicht anders, als auch positiv in die Zukunft zu schauen. Positives zieht wiederum Positives an.

Mit solchen Übungen merken Sie, wie Sie Ihre Gedanken in den „Griff“ bekommen, und Sie fühlen sich immer besser. Ihr Leben verändert sich, Sie machen angenehme Erfahrungen. Ihre Mitmenschen sind freundlicher, Sie haben mehr Erfolg, und Ihre Lebensfreude wächst. Ist das nicht Ansporn genug, etwas für sich zu tun und an sich zu arbeiten?

Unbewußtes Reden

Haben Sie schon einmal bemerkt, wie viele Menschen sprechen, ohne etwas zu sagen. Ich bezeichne das als unbewußtes Reden. Unbewußtes Reden ist natürlich in erster Linie die Folge unbewußter Gedanken. Wir haben uns dafür entschieden, unsere Gedanken zu kontrollieren und zu beherrschen. Automatisch haben wir uns damit auch für die Beherrschung unserer Worte entschieden.

Achten Sie einmal einen Tag lang auf Ihre Worte. Setzen Sie sich am Abend mit einem Blatt Papier in eine ruhige Ecke und gehen Sie den Tag in Gedanken durch. Fragen Sie sich, was Sie wirklich gesagt haben. Was wollten Sie sagen? Wie ist es beim anderen angekommen? Notieren Sie die Situationen, in denen Sie mit sich nicht zufrieden waren.

Wenn Sie Ihre Gedanken beherrschen, dann wird es Ihnen nicht so schwerfallen, Ihre Worte ebenfalls zu beherrschen. Sie werden nicht mehr nur „reden", sondern Sie werden bewußt „sprechen", etwas aussagen. Sie wollen sich mitteilen.

Wer weniger Worte macht, die jedoch voller Inhalt sind, dem wird mehr Aufmerksamkeit geschenkt als dem Menschen, der beständig plappert. Bei ihm hört kaum mehr jemand zu. Jeder weiß, daß die Anzahl der Worte nicht gleichbedeutend ist mit der Wichtigkeit. Achten Sie auf Ihre Worte, konzentrieren Sie sich und drücken Sie Ihre Gedanken klar und unmißverständlich aus. Auch hier macht ständige Übung den Meister.

Ein Weiser hat einmal gesagt: „Worte sollten nur drei Zwecke haben: Helfen oder Heilen, Danken und Segnen." Wie viele Zwecke haben Ihre Worte? Jedes Wort sollte ein Geschenk sein. Wie viele Geschenke machen Sie mit Ihren Worten? Mit Ihrem Wort bestimmen Sie, was Sie in Ihrem Gegenüber ansprechen und auf welchem Niveau das Gespräch stattfindet. Wenn Sie den Verstand Ihres Gesprächspartners ansprechen, wird sein Verstand Ihnen antworten. Wenn Sie sein Gefühl ansprechen, wird die Seele antworten. Wenn Sie sein wahres Selbst ansprechen, so erhalten Sie von ihm die Antwort.

Es kann Ihnen natürlich auch passieren, daß Ihr Gesprächspartner sich auf einer anderen Ebene befindet, daß er unhöflich oder ärgerlich ist. Das sollte Sie nicht verunsichern. Bleiben Sie höflich und bleiben Sie in Ihrer Harmonie. Dann wird er sich Ihnen anschließen.

Seien Sie dem anderen ein Vorbild, geben Sie ihm eine Chance, indem Sie das Geheimnis des Wortes nutzen. Sprechen Sie den anderen auf Ihrer höchsten Ebene an. Das setzt allerdings voraus, daß Sie Ihre Bewußtseinsstufe kennen, daß Sie immer darauf achten, selbst höchstes Bewußtsein zu sein. Wenn Sie das erreichen, dann gehen Sie ruhig und gelassen in jeden Tag – Sie haben Streß, Ärger, eine falsche Einstellung, Erwartungen, ja alles, was Sie an Ihrem Glück noch hindert, losgelassen. Wenn Sie loslassen, können Sie geschehen lassen und gelassen sein. Gelassenheit bedeutet, dem Leben zu gestatten, so zu sein, wie es ist und zu erkennen, daß alles, was Ihnen geschieht, wertvoll und unverzichtbar ist. Es ist wichtig für Sie – so wichtig, daß Sie nicht auf eine einzige Erfahrung verzichten können. Wenn Sie nicht mehr gegen etwas sind, dann kann alles Gute geschehen, und Sie können aus vollem Herzen sagen: „Alles ist gut so, wie es ist."

Alles Unglück kommt durch den Mund.

(Japanische Weisheit)

Eng verbunden mit dem Sprechen ist natürlich auch das Zuhören. Machen Sie auch hier das Beste aus jeder Situation: Trainieren Sie Ihre Selbstbeherrschung und hören Sie bewußt zu, selbst wenn Sie die Geschichte schon 100mal gehört haben, selbst wenn es Sie langweilt, alle Details zu erfahren. Folgen Sie den Worten Ihres Gegenüber und lernen Sie dabei Geduld, Verständnis und Toleranz. Nicht jeder ist auf seinem Weg schon so weit wie Sie. Nehmen Sie den anderen an – so wie er ist, mit seinen Tugenden und mit seinen Unarten. Es ist Ihr persönlicher Gewinn, wenn Sie lernen, bewußt zuzuhören.

Wünsche an Kinder

Es gilt bei uns als ganz normal, daß Eltern konkrete Vorstellungen von dem Leben ihrer Kinder haben. Sie sollen eine bestimmte Ausbildung bekommen, möglichst den von den Eltern gewünschten Beruf ergreifen. Und natürlich sollten sie auch den Partner heiraten, den die Eltern für geeignet halten. Von klein auf werden die Kinder mit den Vorstellungen der Eltern belastet und dadurch an der eigenen Entwicklung gehindert.

Unsere Kinder sind aber nicht unser Eigentum; Kinder sind unsere Aufgabe im Leben oder zumindest ein Teil dieser Aufgaben. Und das Ziel sollte sein, unsere Kinder so zu erziehen, daß sie zu sich finden und sich zu verantwortungsbewußten Erwachsenen entwickeln können. Es ist nicht im Sinn der Schöpfung, unsere Kinder in feste Schemata zu pressen, ihnen vorzuschreiben, was sie tun sollen und was nicht, wie sie sein sollen und wie nicht. Es ist unsere Aufgabe, das Positive in ihnen zu fördern, ihnen alle Freiheit zu lassen, damit sie sich entwikkeln können – entsprechend ihrer Fähigkeiten und ihrer Vorstellungen. Wir sollten sie bei allem, was ihrer Entwicklung dient, unterstützen. Dabei müssen wir lernen, uns selbst zurückzunehmen. Die überzeugendste Art der Erziehung liegt darin, Vorbild zu sein.

Karl kam in unsere Seminare. Als ich ihn kennenlernte, war er ein hagerer, hektischer und sehr unsicherer junger Mann. Er wagte es kaum, im Kreis anderer laut zu sprechen, und wenn er schon einmal etwas sagen mußte, dann sprach er zögernd, holprig und sehr leise. Es stellte sich heraus, daß Karl aus einem reichen Elternhaus kam. Als einziger Sohn sollte er das große Familienunternehmen übernehmen. Doch Karl hatte weder Interesse an Geld noch am Management; seine Begabungen lagen auf künstlerischem Gebiet.

Karl konnte wunderbar malen, und früher, als er noch etwas mehr Zeit hatte oder, besser gesagt, als die Familie ihm noch etwas mehr Zeit genehmigte, hatte er sehr schöne Bilder gemalt, die bei seinen Schulkameraden reißenden Absatz fanden. Das fand jedoch ein jähes Ende, als er von seinem Vater in die Tretmühle des Büros gezwungen wurde. Karl mußte alle Stationen der Firma durchlaufen, damit sein Vater ihm dann beruhigt das Imperium in die Hände legen konnte. Da Karl von klein auf zu Gehorsam erzogen worden war, war er natürlich auch jetzt folgsam und tat, was von ihm erwartet wurde.

Seine Lebensfreude ging mit den Jahren allerdings verloren. Und was noch viel schlimmer war – besonders für die Familie –, er traf falsche Entscheidungen in der Firma. Ihm fehlte das innere Verständnis für das Unternehmen, er hatte keine Freude daran, und so erfüllte er lediglich seine Pflicht. Im Verlauf des Seminars wurde ihm ganz klar, daß er sein Leben vergeudet, wenn er sich nicht schleunigst von den Fesseln seiner Eltern befreit.

Wie viele Kinder haben ein ähnliches Schicksal, nur weil die Eltern – auch wenn sie nur das Beste wollen – ihr Leben bestimmen wollen. Nur weil die Eltern nicht in der Lage sind, von ihren eigenen Wünschen und ihrem Ego loszulassen.

Wie gehen Sie mit Ihren Kindern um? Haben Sie Ihren Kindern schon Ihre eigenen Vorstellungen von der Zukunft wie mit einem Prägestempel aufgedrückt oder lassen Sie Ihre Kinder frei? Lassen Sie Ihren Kindern Raum zur Entwicklung, lassen Sie Ihre Kinder sich selbst finden? Wenn Sie das tun, dann gratuliere ich Ihnen. Dann sind Sie verantwortungsbewußt. Wenn Sie Ihre Kinder geistig gefangenhalten, dann haben Sie jetzt die beste Gelegenheit, eine Veränderung herbeizuführen.

Entlassen Sie Ihre Kinder aus Ihrer Erwartung. Ihre Kinder sind nicht dazu da, Ihre eigenen Hoffnungen, Träume und Wünsche zu erfüllen. Dazu haben Sie in Ihrem eigenen Leben genügend Möglichkeiten.

Und glauben Sie auch nicht, daß Sie Ihre Kinder auf ihr Leben vorbereiten müssen. Die Kinder leben es schon – jeden Tag, sie stehen mitten im Leben, und sie leben ihr eigenes Leben.

Verbieten Sie ihnen das nicht, sondern helfen Sie ihnen, durch gemeinsame Erfahrungen sich selbst zu entdecken, sich zu entfalten und zu verwirklichen. Wie eigenständig Ihre Kinder sind, das merken Sie ganz besonders, wenn Sie mehrere Kinder haben, die doch alle den gleichen genetischen Ursprung haben. Obwohl sie in der gleichen Umgebung aufwachsen – und ich gehe davon aus, daß Sie sie alle gleich lieb haben – so ist doch jedes Kind anders. Sie alle sind Individuen, eigene Persönlichkeiten. Jedes von ihnen hat seinen eigenen Charakter, sein Wesen.

Denken Sie auch daran, daß ein Kind, das sich leicht lenken läßt, nicht unbedingt ein gutes Kind sein muß. Es ist nur ein bequemes Kind, und eigentlich wünschen wir uns alle möglichst pflegeleichte Kinder, denn Eigenwilligkeit bedeutet Auseinandersetzung und Anstrengung.

Also wird ein eigenwilliges Kind zu einem „nicht guten Kind“ abgestempelt, und das reden wir ihm dann auch ein. Wir sagen: „Du bist ein böses Kind, weil du dein Zimmer nicht aufgeräumt hast“ oder „weil du wieder eine schlechte Note in Mathematik bekommen hast“.

Wie oft verwechseln wir dabei dann die Tat mit dem Täter. Wir strafen durch Liebesentzug. Liebesentzug, und sei es auch nur für eine Sekunde, ist kein geeignetes Mittel zur Erziehung. Vielmehr sollten wir unserem Kind sagen: „Ich liebe dich, aber es ist nicht in Ordnung, daß du nicht für Mathematik lernst und eine schlechte Note schreibst; es ist auch nicht in Ordnung, daß du dein Zimmer so unaufgeräumt läßt, aber ich liebe dich. Und jetzt sorge dafür, daß du Ordnung schaffst und besser lernst.“

Wenn Sie so mit Ihren Kindern umgehen, dann erfüllen Sie eine Aufgabe Ihres Lebens. Sie geben damit Ihrem Kind oder Ihren Kindern die Chance, ihr Leben wirklich zu leben und zu eigenständigen Persönlichkeiten heranzuwachsen, die wiederum ihre Lebensaufgaben annehmen und erfüllen können. Beglückt Sie dieser Gedanke nicht auch?

Suggestion
Loslassen der Wünsche an meine Kinder

„Ich liebe meine Kinder von ganzem Herzen und wünsche mir, daß sie zu eigenständigen Persönlichkeiten werden, die sich ihrem Wesen gemäß entfalten und entwickeln können. Ich fördere ihre Anlagen. Ich bin jederzeit für meine Kinder da. Liebe und Freude erfüllen mich, wenn ich sehe, daß sie ihren eigenen Weg finden und ihre Fähigkeiten entdecken und ihre Wünsche realisieren. Ich lebe ihnen eine positive Lebenseinstellung vor, biete ihnen Sicherheit und Geborgenheit.

Gleichzeitig lasse ich sie los, lasse sie frei von meinen Vorstellungen. Ich erkenne, daß es meine Aufgabe ist, meine Kinder ihren eigenen Weg gehen zu lassen. Ich lasse meine Kinder selbst über ihr Leben entscheiden, lasse sie ihre Erfahrungen machen, aus denen sie lernen. Ich bemühe mich, ihr Vertrauen zu sich selbst zu stärken, und zeige ihnen Positives und Schönes. Ich lasse sie ihren Weg gehen und bin mit meinen Gedanken und mit meiner Liebe bei ihnen."

Angst

Eine weitverbreitete Krankheit unserer Zeit ist die Angst. Fast jeder hat vor irgend etwas Angst: Angst vor Krankheit, vor Armut, vor einem Krieg, vor dem Verlust des Partners oder Angst vor dem Tod. Es gibt auch andere, objektiv gesehen „kleine" Ängste, wobei jedoch jede Angst für den Betroffenen eine große Angst ist: Angst davor, daß der Nachbar sich beschwert, weil man nachts die Tür zugeworfen hat, Angst vor fremden Menschen, Angst, das Leben nicht meistern zu können. Diese Liste könnten wir beliebig fortsetzen. Es ist erschreckend, wie viele Angstmomente es gibt.

Das Wort Angst kommt aus dem Lateinischen – angustus – und bedeutet „die Enge". Angst setzt immer ein enges Bewußtsein voraus. Um Ihr Bewußtsein zu erweitern, um Sie die große Liebe Gottes fühlen und die Geborgenheit und die Stärke in sich wachsen zu lassen, habe ich am Anfang dieses Buches eine Meditation vorgeschlagen. Sie soll Ihnen das Gefühl der Sicherheit vermitteln und Ihnen ein Gefühl der Kraft geben. Wovor sollten Sie sich fürchten, wenn Sie in dem Bewußtsein leben, daß Sie selbst unsterbliches Bewußtsein sind, daß Sie immer sein werden. Wenn Sie dieses Wissen tief in sich verankern, dann gibt es nichts, was Sie noch ängstigen könnte. Sie haben weder Angst vor einem Krieg noch vor einer Atombombe und auch nicht vor dem Tod, denn Sie wissen ja, daß Sie immer wiederkommen, daß Ihre unsterbliche Seele sich eine andere Gestalt sucht. Sie sind, was Sie immer sein werden, ganz egal, was um Sie herum geschieht, Sie sind immer da. Warum sollten Sie also Angst haben?

Beleuchten Sie Ihre Ängste einmal genauer. Wenn Gottes Liebe Sie trägt und einhüllt, haben Sie dann immer noch Angst?

– Angst vor der Zukunft? Was könnte Ihnen passieren? Daß Sie weniger Geld haben – dann lernen Sie, mit weniger auszukommen.

– Sie haben Angst, daß Sie mit einem unangenehmen Menschen nicht auskommen können. Wer bestimmt denn überhaupt, daß dieser Mensch unangenehm ist? Dieser Mensch ist nur so lange unangenehm für Sie, solange Sie ihn unangenehm finden. Würden Sie ihn lieben, würden Sie Verständnis für ihn haben, dann wäre er Ihnen nicht unangenehm. Das Eigenartige daran ist, daß dieser Mensch sogar beginnen würde, liebenswürdig zu sein beziehungsweise liebenswert zu werden, wenn er von Ihnen geliebt würde. Sie glauben das nicht? Probieren Sie es aus!

Betrachten Sie einen unangenehmen Menschen einmal aus einer anderen Perspektive. Sehen Sie die Schwiegermutter nicht mehr mit den Augen der Schwiegertochter, sondern mit den Augen der Enkelkinder, des Sohnes oder der Nachbarn. Sie werden zu ganz anderen Erkenntnissen kommen und können anfangen, sie zu mögen. Und ganz von selbst wird sich Ihr Verhältnis ändern – je mehr neue Züge Sie entdecken, die Sie bisher nicht gesehen haben oder nicht sehen wollten. Sie entscheiden über Ihr Leben und Sie entscheiden deshalb auch darüber, ob Sie in Harmonie und Liebe leben, ob Sie etwas ablehnen oder annehmen. Lassen Sie also den Irrtum los. Denn es ist ein Irrtum anzunehmen, daß jemand unangenehm ist – von Ihnen hängt es ab, wie der andere Ihnen erscheint.
Haben Sie vielleicht Angst davor, krank zu werden? Auch darüber entscheiden Sie selbst. Sorgen Sie für Harmonie in Ihrem Körper. Diese Harmonie entsteht in Ihren Gedanken und materialisiert sich in Ihrem Körper. Körperliche Harmonie ist Gesundheit.
– Wer Angst hat, seinen geliebten Partner zu verlieren, auch der kann diese Angst beruhigt loslassen. Was wirklich zu ihm gehört, kann er nicht verlieren. Aber er kann auch nicht halten, was nicht zu ihm gehört. Also – wovor sollte man Angst haben? Wenn Sie und Ihr Partner zusammengehören, bleiben Sie auch zusammen. Angst verändert diesen Zustand nicht, sondern macht Ihnen nur das Leben schwer.

Angst hat eine weitere, äußerst unangenehme Eigenschaft: Wenn wir nichts gegen unsere Angst unternehmen, dann wird sie immer größer und nicht nur das – sie breitet sich auch in andere Lebensbereiche aus.

Wir wollen uns hier auch mit der Angst vor dem Tod befassen, mit der Angst vor dem eigenen Tod oder der

Angst davor, einen geliebten Menschen durch den Tod zu verlieren. Werden Sie sich darüber klar, daß Sie nichts verlieren können, was Sie nicht besitzen. Niemand kann einen anderen Menschen besitzen. Folglich können Sie einen geliebten Menschen in keiner Weise verlieren. Selbst durch den Tod verlieren Sie ihn nicht, denn der Tod trennt nicht – betrifft er doch nur diesen Körper. Diesen Körper, in dem wir jetzt und heute leben. Der Mensch aber oder das, was den Menschen ausmacht – Geist und Seele –, bleibt existent. Und so sind Sie auch weiterhin mit diesem Menschen in Verbindung. Sie lieben ihn, und er liebt Sie – auf einer anderen Ebene. Die äußere Hülle des Körpers ist nicht mehr da, aber die Liebe besteht weiter. Und Sie werden den geliebten Menschen sehen, irgendwann und irgendwo, wenn auch Sie Ihren Körper abgelegt haben. Sie brauchen also keine Angst vor Verlust durch den Tod zu haben.

Sehr oft steht hinter der großen Liebe nur Angst, Verlustangst. Diese Angst hat jedoch mit Liebe nichts zu tun. Vielmehr ist das die pure Angst, das zu verlieren, was Ihnen guttut, was für Sie angenehm und bequem ist. Sie fühlten sich so hilflos, so ratlos, wenn er oder sie nicht da wäre. Sie wüßten nicht, was Sie anfangen sollten. Hier haben wir die Wurzel Ihrer Angst. Es ist nicht Angst, Liebe zu verlieren, sondern nur die Angst vor dem Verlust Ihrer Bequemlichkeit und die Angst vor einer Veränderung, Angst vor der Aufgabe von Gewohnheiten. Seien Sie ehrlich zu sich selbst. Durch Ehrlichkeit gewinnen Sie Klarheit über sich und Ihre wahren Ängste, und dann können Sie sich an die Auflösung, an die Arbeit an sich selbst machen.

Fragebogen *Angst*

Wovor habe ich Angst?

Habe ich oft Angst?

Beeinträchtigt die Angst mein Leben?
(Schlaflosigkeit, Panik, Nervosität etc.)

Wann hatte ich zum erstenmal Angst und bei welcher Gelegenheit?

Warum habe ich Angst vor:

1. ______________________________

2. ______________________________

3. ______________________________

Was kann mir im schlimmsten Fall passieren?

1. ______________________________

2. ______________________________

3. ______________________________

Nichts wirklich Schlimmes kann mir passieren – also kann ich meine Angst loslassen.

Wenn es Liebe ist, so bleiben Sie auch weiterhin mit dem geliebten Menschen verbunden. Wenn es aber Bequemlichkeit ist, dann sollten Sie dankbar sein, daß Sie so lange Zeit bequem leben durften, aber jetzt ist der Zeitpunkt, selbst etwas zu tun. Verlassen Sie Ihren Partner und ergreifen Sie selbst die Initiative für Ihr Leben, statt sich von Bequemlichkeit leiten zu lassen.

Es gibt keine Angst ohne einen Inhalt, es gibt nur Angstzustände ohne bewußten Inhalt. Das bedeutet, daß Sie die Ursachen Ihrer Angst irgendwo ins Unterbewußtsein verdrängt haben. Sie können sich nicht mehr erinnern, wissen nicht mehr und wollen wahrscheinlich auch gar nicht wissen, worin Ihre Angst begründet ist. Um sie aber abzubauen, müssen Sie an der Wurzel ansetzen, müssen Sie sich fragen, wovor Sie Angst haben. Denken Sie an das Gesetz von Ursache und Wirkung. Anhand des Fragebogens haben Sie Ihre Ängste etwas konkretisiert, können Sie Ihren Ängsten nun ein Gesicht geben. Sie wissen, wovor Sie Angst haben. Betrachten Sie die Liste Ihrer Ängste, und Sie werden feststellen, daß alle Ängste einen gemeinsamen Nenner haben:

- Es fällt Ihnen schwer, das Leben als solches anzunehmen.
- Es fällt Ihnen schwer, das Hier und Jetzt anzunehmen.
- Es fällt Ihnen schwer, Situationen anzunehmen.

All das liegt daran, daß Sie sich mit Ihrem Ego identifizieren! Ihr Ego möchte es nur bequem haben. Nichts darf anstrengend sein, alles soll schön sein, Spaß machen, und weh tun darf es natürlich auch nicht. Aber das Leben ist nicht nur dazu da, uns Spaß zu machen. Wir sind in der Schule des Lebens, und das Wichtigste in jeder Schule ist der Unterricht. Wie wir aus unseren Kindertagen wissen, macht der Unterricht nicht immer Spaß.

Unser wahres Selbst, unsere Seele, interessiert sich nicht für Spaß. Unsere Seele interessiert sich für die Evolution, für den Fortschritt. Aber auch hier dürfen Sie wieder eine Entscheidung treffen. Es gibt immer mindestens zwei Möglichkeiten. Eine Alternative ist der Weg der Erkenntnis. Dieser Weg ist recht schwierig, denn er ist voller Hindernisse. Wem dieser Weg zu unbequem ist, dem wird ein anderer Weg aufgezwungen: Er lernt durch Leid.

Nichts führt an einem Lernprozeß vorbei, und niemand kann sich dieser Schule entziehen, denn diese Schule ist das Leben. Wer den Weg der Erkenntnis nicht eingeschlagen hat, der lernt durch Leid. Und wenn er das Leid „leid" ist, dann wird er zu der Erkenntnis kommen, was er zu tun hat, und kann sein Leid beenden.

Suggestion gegen die Angst

„Ich bin voller Ruhe und Harmonie. Mein Atem geht gleichmäßig und ruhig. Ich ruhe in meiner Mitte. Ich weiß, daß Gott mich beschützt. Ich lasse zu, daß mich diese höhere Macht lenkt und leitet, und in diesem Bewußtsein kann ich alles ruhig und gelassen angehen. Mir geschieht nur Gutes. Alles, was ich erlebe, dient meiner Entwicklung. Deshalb kann ich mich auf jeden neuen Tag freuen. Ich bin voller Frieden und Harmonie. Ich ziehe Gutes und Schönes an. Gott beschützt mich. Nichts kann diesen Frieden stören. Alles ist gut so, wie es ist."

Urteilen und Verurteilen

Die Schnellebigkeit unserer Zeit wirkt sich auch auf unsere Meinung aus: Schnell zu urteilen und schnell zu verurteilen – das ist das Motto unserer Zeit. Es ist dringend notwendig, Wahrnehmung wieder zu lernen, ganz einfach neutral und objektiv Situationen anzunehmen. Ich gebe Ihnen hier ein Beispiel:

In Indien gingen sieben Blinde durch die Straßen und stießen auf einen Elefanten. Der erste Blinde hatte ein Elefantenbein erwischt und schilderte den anderen, wie ein Elefant aussieht. Er sagte: Ein Elefant ist wie eine Säule, stämmig und stabil. Derjenige, der den Rüssel zu fassen bekam, sagte: Nein, nicht wie eine Säule – das ist doch falsch. Ein Elefant ist eher wie ein Schlauch, innen hohl und beweglich. Und der Blinde, der den Bauch zu fassen bekam, sagte: Also beweglich und Schlauch – stimmt alles nicht. Ein Elefant ist wie eine Kugel. Da widersprach der, der das Ohr hatte: Nein, er ist wie ein Seeigel, flach und beweglich. Und derjenige, der den Schwanz in der Hand hielt, sagte: Niemals wie ein Seeigel. Er ist wie ein großer Pinsel, nur sehr viel rauher. Jeder schilderte etwas anderes. Jeder hatte aber auch ein Stückchen der Wahrheit erhascht. Doch jeder glaubte, er hätte die ganze Wahrheit erfahren. Hätten sie ihre Erkenntnisse ausgetauscht, wäre vielleicht das gesamte Bild zum Vorschein gekommen. Aber da jeder nur danach urteilt, was er kennt – nach diesem winzigen Stückchen –, glaubt er irrtümlicherweise, sein Eindruck sei der richtige und der andere sehe alles falsch. Auf diese Weise hatte keiner der sieben Blinden überhaupt eine Chance, die Wahrheit zu erkennen.

Auch wenn wir unsere Augen benutzen, so bleibt uns doch sehr viel verborgen, weil wir meist schon eine vorgefaßte Meinung besitzen, die unseren Blick einschränkt oder trübt. Lernen Sie zu beobachten, üben Sie sich in der neutralen Wahrnehmung. Lassen Sie los von Ihren Urteilen – und ganz besonders von Ihren Vorurteilen. Vorurteile sind noch schlimmer als Urteile, denn sie beruhen zu 90 Prozent nicht auf eigener Erfahrung, sondern entspringen allein einer destruktiven Haltung und zeigen damit innere Begrenztheit. Hören Sie einmal genau hin, wie gern ge- und verurteilt wird. Wie oft begegnen Ihnen Äußerungen wie: „Wer lange Haare trägt, ist arbeitsscheu“, „Wer einmal vorbestraft war, der wird wieder straffällig“, „In ... ist es überall schmutzig“. Diese Liste ist leider unendlich und schädlich sowohl für den „Betroffenen“ als auch für denjenigen, der solche Vorurteile nährt. Zeigt er doch damit, wie oberflächlich, kurzsichtig und manchmal sogar boshaft er ist.

Wenn Sie überhaupt urteilen müssen, dann kann das Urteil nur lauten: *Alles ist gut so, wie es ist*. Alles was mir geschieht, ist gut, und deshalb kann ich auch alles annehmen. Mit dieser Grundeinstellung erreichen Sie wieder ein kleines Stück Ihrer Vollkommenheit.

Suggestion gegen Vorurteile

„Ich lasse los von allem, was mich und meinen Geist begrenzt. Ich öffne mein Herz für das Leben und kann alles in Liebe annehmen. Alles, was geschieht, hat einen Sinn – es fällt mir deshalb leicht, offen für jede neue Situation, jede neue Begegnung und jeden unbekannten Menschen zu sein. Ich sehe das Göttliche in ihm, das alles andere überstrahlt. Ich lasse los von festen Anschauungen, die mich einengen, und öffne mich für die allumfassende Liebe. Ich strahle Liebe aus, und Liebe kehrt zu mir zurück."

Probleme

Gelingt es Ihnen, Ihre Situation so anzunehmen, wie sie ist, so lassen Sie Ihre Probleme automatisch los. Doch was sind Probleme überhaupt? Ein Problem ist immer nur das, was Sie zum Problem machen. Schauen Sie sich um: Jeder von uns hat seine eigenen Probleme. Das resultiert aus der Vergangenheit, aus der individuellen Lebenssituation und besonders natürlich aus der Einstellung zum Leben überhaupt. Für den einen ist es ein Problem, daß seine Haare grau werden, für den anderen ist es ein Problem, daß er nie „nein" sagen kann, wenn jemand etwas von ihm will.

Ein Problem ist aber auch ein Geschenk des Lebens an Sie. In jedem Problem ist die Lösung für das Problem bereits angelegt. Stellen Sie sich das Problem als ein Päckchen vor – je nachdem größer oder kleiner –, das sehr gut verpackt vor Ihnen liegt. Und nun machen Sie sich daran, es auszupacken: Lösen Sie den Knoten, wickeln Sie das Papier ab und entfernen Sie auf diese Weise eine Hülle nach der anderen. Je nach Art des Problems kann es sich um eine schwierige oder eine leichte Arbeit handeln. Es kann ganz schnell, aber auch sehr langsam gehen. Wenn Sie bis zum Inhalt, das heißt bis zum Kern des Problems, gelangt sind und die Hindernisse überwunden haben, sind Sie um neue Einsichten reicher, sind Sie einen Schritt weitergekommen auf Ihrem Weg zur Vollkommenheit. Und das ist das Geschenk, das Ihnen Ihr Problem macht.

Und was ist mit unserem Ego? Was will unser kleiner dicker Freund? Unser Ego möchte keine derartigen Geschenke, die mit Mühe verbunden sind. Unser Ego liebt keine Arbeit, unser Ego möchte seinen Spaß haben. Deshalb versucht es, diese Problempakete einfach zu ignorieren. Wo immer es kann, weicht es dem Hindernis aus, laviert sich hindurch, solange bis sich die Pakete nur so stapeln. Und dann kann es nicht mehr entkommen – es muß sich zwangsläufig doch an die Arbeit machen, die inzwischen allerdings zu einem fast unüberwindlich erscheinenden Berg angewachsen ist. Unser Leben wäre sinnlos ohne Probleme, denn das würde geistigen Stillstand bedeuten.

Wenn wir wissen, daß alles, was uns geschieht, gut für uns ist, weil es unserer Weiterentwicklung dient, dann können wir auch Probleme als einen Teil unseres Lebens akzeptieren. Wir können loslassen von dem Irrtum, daß uns etwas Negatives geschieht, weil wir mit einem Problem konfrontiert sind. Nichts geschieht, ohne daß wir die Ursache dafür gesetzt haben. Alles, was uns geschieht und was wir erleben, dient uns und ist zu unserem Nutzen, deshalb sollten wir auf nichts verzichten. Nicht auf eine einzige, noch so winzige Erfahrung, selbst wenn sie schmerzhaft ist. Wir können weder auf den Schmerz noch auf die Krankheit verzichten, wir können auch nicht auf unsere Angst verzichten – alles gibt uns eine Gelegenheit, an uns zu arbeiten.

Befragt nach ihren Problemen antworteten einige meiner Seminarteilnehmer: „Das ständige Fernsehen am Abend ist zuviel." Da gibt es doch diesen kleinen Knopf am Fernseher, oder? Es scheint jedoch unendlich schwer zu sein, diesen Knopf auch zu bedienen. Ein Knopfdruck – ganz einfach. Das wäre an sich kein Problem. Was hält Sie davon ab, diesen Knopf zu drücken? Die Angst, irgend etwas zu versäumen, der Gedanke, daß im nächsten Moment vielleicht doch etwas Spannendes passieren könnte? Entscheiden Sie sich für den Knopfdruck – für einen fernsehfreien Abend, für einen Abend der Stille und des Wohlgefühls, oder entscheiden Sie sich dafür, Ihre Zeit mit Warten zu verbringen. Wenn Sie das tun, dann genießen Sie die Spannung. Dann ist auch das keine verlorene Zeit. Ich behaupte, daß alle Probleme sich so leicht lösen lassen wie die geschilderte Problematik mit dem Fernseher. Möglicherweise betrachten Sie das jetzt als eine Provokation.

In Seminaren kommt immer wieder auch das Thema „Unheilbare Krankheit der Kinder" auf. Es gibt keine unheilbaren Krankheiten, es gibt nur unheilbare Menschen. Wenn Kinder mit sogenannten unheilbaren Krankheiten behaftet sind, dann hat auch dies wiederum seinen Sinn. Auch hier gilt das Gesetz von Ursache und Wirkung.

Wer seine Lebensaufgabe nicht erfüllt hat, der wird mit derselben Aufgabe im nächsten Leben wieder konfrontiert, und zwar so lange, bis er sie gelöst hat. Dies kann sich unter Umständen in unheilbaren Krankheiten für Kinder äußern. Wer die Aufgaben in seinem Leben nicht erledigt, begibt sich in die Gefahr, im nächsten Leben mit einer Behinderung oder mit einer unheilbaren Krankheit auf die Welt zu kommen. Auch wenn ein Kind stirbt, dann sollten Sie seiner Seele erlauben, den Lebensunterricht zu verlassen, denn es hat seine Lektionen gelernt. Was soll es noch hier? Ein Kind, das stirbt, hat vielleicht in einem früheren Leben als Erwachsener den Tod nicht bewußt erleben können. Möglicherweise kam der Tod ganz plötzlich, im Krieg, durch einen Schuß, und er war auf der Stelle tot. Diesem Menschen ist es zu schnell gegangen, er hat seinen Tod gar nicht miterlebt und hat den Wunsch, diesen Prozeß bewußt zu erleben. Seine einzige Aufgabe in diesem Leben ist es, bewußt zu sterben. Lassen Sie diesen Menschen sterben. Er wählt sich einen Körper aus, von dem er weiß, daß er bald sterben wird. Er nimmt diesen Körper und kann bewußt und in aller Ruhe seinen Tod in diesem Leben erfahren. Alles hat seinen Sinn und alles ist gut so, wie es ist. Wir haben es in der Hand, ob wir mit unheilbaren Krankheiten im nächsten Leben zur Welt kommen möchten oder ob wir mit einer Behinderung leben wollen. Denn alles, was wir *heute* tun, hat seine Auswirkung *morgen*; durch das heutige Leben bestimmen wir unser nächstes Leben.

Wir werden einen Körper bekommen, der unserem Bewußtsein entspricht. Demzufolge bekommen wir auch ein Schicksal, das unserem Bewußtsein entspricht. Wir bestimmen den Grad unseres Bewußtseins, und wir bestimmen die Stufe des Bewußtseins. Auch Sie wollen Ihr Bewußtsein verändern, denn sonst hätten Sie dieses Buch nicht gekauft. Es muß gar keine äußere zwingende Notwendigkeit vorliegen. Der Wunsch nach Veränderung reicht aus. Es genügt, den Sinn des Lebens erfahren zu wollen – Gesundheit und Glück anzustreben.

Wenn sich manche Gedanken und Sätze wiederholen, dann setzen Sie sich bei Ihrem kleinen Ego durch, das natürlich wieder den bequemen Weg gehen möchte. Es sagt sicherlich: „Ach ja, das kenne ich schon, das brauche ich nicht mehr zu lesen.“ Sehen Sie in Wiederholungen die Chance, Erkenntnisse zu vertiefen. Überprüfen Sie dabei, ob Sie wirklich alles zu diesen Punkten wissen, ob Sie es verinnerlicht haben und – was noch wichtiger ist –, ob Sie alle Konsequenzen daraus schon gezogen haben.

Vielleicht erkennen Sie auch bei der Wiederholung ganz neue Perspektiven, ganz andere Aspekte, die Sie bisher noch nicht entdeckt haben. Lesen Sie nicht einfach über solche Passagen hinweg, sondern nehmen Sie die Worte in sich auf und lassen Sie sie auf sich wirken. Ihr Wissen ist Ihr Eigentum und wird Ihnen weiterhelfen. Wissen alleine kann jedoch auch zur Belastung werden, nämlich dann, wenn Sie es allein beim Wissen belassen und nicht mehr damit anfangen, es nicht in den Alltag einbringen. Wenn Sie dieses Wissen nur speichern, dann nutzen Sie Ihr Wissen nicht. Sehen Sie also in Wiederholungen die Möglichkeit, Ihr Wissen nicht nur zu erweitern, sondern es auch in die Tat umzusetzen.

Ungerechtigkeit

Der Umgang mit der Ungerechtigkeit ist nicht so einfach, doch wer das Prinzip erkannt hat, kann viel leichter damit leben. Wir lösen die Ungerechtigkeit durch die Erkenntnis auf, daß es überhaupt keine Ungerechtigkeit gibt.

Der eine wird in eine reiche Familie geboren und der andere in eine arme. Hier beginnt bereits die Ungerechtigkeit. Es gibt Ungerechtigkeiten auf allen Gebieten des Seins. Herr Müller wird um sein Erbe betrogen, Frau Meier verliert ihre Stellung, weil ein Kollege schlecht von ihr spricht. All dies ist ungerecht, aber es ist nur scheinbar ungerecht. Leben bedeutet zu lernen.

Durch die Ungerechtigkeit lernen wir, an unserer Einstellung zu arbeiten, lernen, Gottes Liebe zu erfahren, und wir lernen, Gottes Liebe zu fühlen durch die Ungerechtigkeit. Gott liebt alle seine Geschöpfe, und weil er sie alle gleich liebt, gibt es keine Ungerechtigkeit. Doch Gott sorgt dafür, daß jeder das bekommt, was er braucht, um seinen Weg der Entwicklung weitergehen zu können. Der eine braucht die scheinbare Ungerechtigkeit, damit er lernt, neue Erkenntnisse zu gewinnen und zu Harmonie zu finden. Wenn Sie mit Ungerechtigkeiten konfrontiert sind, dann sind das lediglich Lektionen, die Sie durcharbeiten müssen.

Hermine war eine gute Schülerin. Ihr größter Wunsch war es, einmal Opernsängerin zu werden. Sie war deshalb besonders enttäuscht darüber, daß sie niemals bei den Singspielen eine wichtige Rolle bekam. Hoffnung keimte in ihr auf, als ein neuer Musiklehrer an die Schule kam. Doch die Situation änderte sich nicht. Hermine fühlte sich weiterhin ungerecht behandelt und zurückgesetzt. Sie litt still vor sich hin, bis ihre erste Liebe ihre sportlichen Fähigkeiten bewunderte. So angespornt, wurde sie immer besser auf diesem Gebiet und vergaß über all den sportlichen Erfolgen ihre Sängerkarriere. Bei der letzten Olympiade war Hermine eine erfolgreiche Teilnehmerin.

Was wurde ihr durch die sogenannte Ungerechtigkeit gezeigt? Daß ihre Fähigkeiten nicht auf musikalischem Gebiet lagen; die Ungerechtigkeit hat ihr Unzufriedenheit und Mißerfolg erspart.

Wie sieht bei Ihnen die berufliche Erfüllung aus? Werden Sie ständig ungerecht behandelt? Werden andere Ihnen vorgezogen? Verdienen Sie zu wenig? Müssen Sie zu viel arbeiten? Ist Ihr Beruf Ihre Berufung?

Ärger

Lernen Sie, mit der Ungerechtigkeit umzugehen, indem Sie sich fragen, was Ihnen die Ungerechtigkeit sagen möchte. Lernen Sie auch gleichzeitig, sich nicht über Ungerechtigkeiten zu ärgern, denn Ärger ist sowieso sinnlos. Ob es eine Ungerechtigkeit ist oder ob Sie etwas als ungerecht empfinden, Ärger verändert nichts an der Situation. Ärger kostet nur Kraft und Nerven, er kann Sie sogar die Gesundheit kosten. Auf jeden Fall vergeuden Sie Ihre Zeit.

Ärger verdirbt Ihnen die Laune, kann Ihren Blutdruck erhöhen und sich auf die Verdauung auswirken. Wer sich ständig ärgert, kann Ärgerfalten und einen mürrischen Gesichtsausdruck bekommen. Aber die Ursachen Ihres Ärgers bleiben weiterhin bestehen, und darüber könnten Sie sich schon wieder ärgern! Ärger ist nutzlos und bringt Ihnen nur Nachteile. Diese Erkenntnis haben Sie soeben gewonnen – jetzt machen Sie sich daran, den Ärger aus Ihrem Leben zu vertreiben. Ab heute gibt es keinen Ärger mehr in Ihrem Leben.

Inzwischen sind Sie ein Profi im Listenerstellen geworden, und so wird Sie diese Liste nicht sehr viel Zeit kosten. Schreiben Sie Ihre 10 Ärgerpunkte auf. Darunter verstehe ich Ärgernisse, die immer wiederkehren. Dann machen Sie sich daran, einen Ärgerpunkt nach dem anderen aufzulösen.

Eine verstärkte Form des Ärgers ist der Jähzorn. Jähzorn ist eine spontane, unkontrollierte Ärgerreaktion. Es wird Sie freuen zu hören, daß Sie den Jähzorn ebenso loslassen können wie all Ihre anderen, weniger positiven Eigenschaften, indem Sie Ihr Gemüt erziehen.

Fragebogen *Ärger*

– Ich ärgere mich	nie	selten	oft	ständig
– Wenn ich mich ärgere, dann bin ich	aggressiv	depressiv	ungerecht	nervös

– Ich ärgere mich jeden Tag über:

1. ______________________________

2. ______________________________

3. ______________________________

Ich kann die Situation verändern bei:

____

Hier kann ich die Situation nicht verändern:

____

Deshalb werde ich meine Einstellung ändern:

____

Wie?

____

Betreiben Sie Psychohygiene. Unter Psychohygiene versteht man die tägliche Reinigung der Psyche. Es ist uns selbstverständlich, unseren Körper zu reinigen und zu pflegen. Um so unverständlicher ist es, warum wir so sorglos mit unserer Psyche umgehen und sie weder pflegen noch säubern. Doch für eine Änderung ist es nicht zu spät: Nehmen Sie sich morgens ein paar Minuten Zeit. Stellen Sie sich gedanklich auf die Aufgaben des kommenden Tages ein. Lassen Sie das, was auf Sie zukommen wird, vor Ihrem geistigen Auge entstehen und richten Sie sich innerlich auf die entsprechenden Situationen ein.

Sie wollen ein wichtiges Gespräch über Ihre Gehaltsvorstellungen mit Ihrem Chef führen. Sie kennen Ihren Chef recht gut und wissen, daß er erst einmal „nein" sagt. Schon haben Sie die Lösung Ihres Problems in der Hand, wenn Sie sich morgens auf diese Reaktion einstellen. In Gedanken vollziehen Sie das, was geschehen wird: Sie tragen Ihren Wunsch vor, hören sein „Nein" in dem Bewußtsein, daß er nach drei Tagen „o.k.", sagen wird.

So vorbereitet, brauchen Sie nicht mit Herzklopfen zu diesem Termin zu gehen. Sie wissen genau, was geschieht, weil Sie sich vorbereitet haben, weil Sie darauf eingestellt sind. So wie Sie Ihren Körper pflegen, sich rasieren oder schminken – so bereiten Sie Ihren Geist für den Tag vor.

Am Abend verfahren Sie in ähnlicher Weise. Sie gehen den vergangenen Tag in Gedanken durch. Bei kritischen Situationen fragen Sie sich, wie Sie es hätten besser machen können. Und wenn Sie einmal die Beherrschung verloren haben, wenn Sie jähzornig geworden sind, dann durchleben Sie diese Situation noch einmal; allerdings diesmal mit einer anderen Verhaltensweise. Stellen Sie sich vor, daß Sie ruhig und gelassen bleiben, daß Sie sich nicht herausfordern lassen. Sie wissen ja, *Sie* entscheiden über Ihre Gefühle. Sie durchleben derartige Situationen und lösen dadurch die Probleme. Wenn Sie das nächste Mal in einer ähnlichen Lage sind, werden Sie besser reagieren können. Denn Sie erwerben sich nach und nach eine positive Grundhaltung, die Jähzorn nicht mehr zuläßt, bei der Ärger nicht entstehen kann. Sie lernen, Ihre Gefühle zu beherrschen. Das wird Ihnen in jeder Beziehung und in jeder Situation zugute kommen.

Das Glück tritt gern in ein Haus ein, wo gute Laune herrscht.

(Japanische Weisheit)

Machen Sie einmal eine Übung nach dem Motto:

Freuen statt ärgern

Stellen Sie sich ärgerliche Situationen vor, wie Sie in Ihrem Leben öfter auftreten. Und jetzt verändern Sie diese Situationen so, daß Sie sich freuen können. Diese Übung machen Sie jeden Tag mit einer anderen Situation: Sie werden staunen, wie schnell Sie Ihren Ärger loslassen können.

Erwartungen

Sie können jetzt, in diesem Moment Ihr Leben entscheidend verändern, indem Sie sich dazu entschließen, alle Ihre Erwartungen loszulassen. Sie werden sich nicht mehr ärgern, und auch nicht mehr enttäuscht sein.

Sie können gar nicht mehr enttäuscht sein: Wer keine falschen Erwartungen hat, kann sich auch nicht täuschen. Wer keine Erwartungen hat, kann auch nicht geärgert werden. Niemand kann Sie beleidigen, kränken oder verletzen.

Wenn Sie nichts mehr erwarten, dann kann Ihnen doch nur noch Positives geschehen, denn Sie schränken sich nicht mehr durch Ihre Erwartungen ein. Nehmen Sie einmal an, Sie hätten 100 Erwartungen an das Leben, dann begrenzten Sie sich beziehungsweise Ihr Leben auf einen Bruchteil seiner Möglichkeiten. Wie sieht es denn in der Realität aus? Es passiert circa 95mal das, was Sie nicht erwartet haben, und Sie sind 95mal verärgert, enttäuscht oder auch traurig. Nur 5mal passiert tatsächlich das, was Sie erwarten. Es tritt zwar Erwartetes ein, aber es macht Sie nicht mehr besonders glücklich. Sie haben es ja erwartet, das heißt, Sie haben damit gerechnet. Und wenn man mit Geschehnissen rechnet, kann man sich nicht mehr spontan darüber freuen. Als Fazit können Sie daraus ziehen:

Lassen Sie Ihre Erwartungen los. Sie nehmen sonst dem Leben alle Möglichkeiten, Ihnen Freude zu gewähren. Dadurch beschränken Sie sich selbst in großem Maß.

Wenn Sie Ihre Erwartungen aber einfach auflösen, wird das Leben interessanter und schöner. Natürlich passiert auch dann nicht immer das, was Sie sich im tiefsten Inneren gewünscht haben, aber da Sie nichts erwarten, können Sie alles viel leichter annehmen. Sie sind offen für alles, was geschieht, und sind bereit, zu lernen. Sie wissen: Alles, was geschieht, ist gut. Und wenn Sie bereit sind, alles anzunehmen, dann wird Ihnen viel häufiger etwas besonders Schönes geschehen. Und das ist dann ein wahrer Grund zur Freude! Es ist eine Überraschung. Sie geben dem Leben sehr viel mehr Möglichkeiten, Ihnen eine Freude zu machen. Deshalb: Lassen Sie Ihre Erwartungen los!

Verwechseln Sie jedoch nicht Freude mit Erwartung. Sich zu freuen ist etwas anderes. Das Wort „er-warten" macht es deutlich: auf etwas warten. Freuen ist ein positives Gefühl, das von innen kommt. Sie können sich über ein Kompliment, auf einen Besuch freuen – aber Sie sollten weder ein nettes Wort erwarten noch daß der Abend mit Ihrem Besuch grandios wird. Wenn Sie jedoch etwas für sich tun, für Ihre Ausstrahlung – dann wird alles von selbst geschehen, dann werden Sie sich freuen können. Das Leben ist eine einzige Freude, und alleine, daß Sie leben, ist schon Grund genug, sich zu freuen. Nehmen Sie alles an, was kommt – Sie haben ständig Grund zur Freude. Und daraus entsteht Ihre Lebensfreude.

Das Loslassen der Erwartungen gehört zu den schwierigsten Übungen. Seien Sie deshalb nicht ungeduldig mit sich. Lassen Sie sich Zeit, es spielt keine Rolle, ob es ein Jahr dauert oder fünf Jahre oder nur drei Minuten. Sie selbst entscheiden, wie schnell Sie Ihre Erwartungen auflösen, wie wichtig es Ihnen ist, frei und glücklich zu werden und in welchem Tempo Sie sich weiterentwickeln wollen.

Loslassen ist eine Angelegenheit von Sekunden oder Minuten, theoretisch könnten Sie in einigen Minuten all Ihre Erwartungen loslassen. In der Praxis werden Sie jeden Tag mit Ihren Erwartungen konfrontiert, die Sie ja schon so viele Jahre hegen und pflegen. Je konsequenter Sie an der Auflösung Ihrer Erwartungen arbeiten, desto schneller werden Sie sie auch los sein. Sie können dann viel mehr Freude empfinden und werden innere Freiheit genießen. Ihr Leben ändert sich in dem Moment, in dem sich Ihr Bewußtsein wandelt. Vielleicht geschieht das jetzt, in diesem Augenblick, vielleicht auch erst in drei Tagen oder in fünf Jahren – es liegt an Ihnen.

Loslassen sollten Sie aber auch Ihren Eigenwillen. Glauben Sie nicht, daß Sie sich gegen den Schöpfungswillen durchsetzen müßten. Lassen Sie das Leben durch Sie wirken, und Sie werden mehr Erfolg auf jedem Gebiet haben – mehr als Sie durch ein ganzes Leben voller Anstrengungen und Mühe erreichen können. Lassen Sie geschehen.

Streß

Jeder möchte gerne den Streß loslassen, aber kaum jemand schafft es. Tausend Entschuldigungen finden wir, um den Streß weiterhin in unserem Leben zu erhalten. Argumente wie: „Mein Mann verlangt das" oder „Mein Chef möchte das so" oder „Die Kollegin hat mich im Stich gelassen" sind ganz einfach Entschuldigungen, aber keine Erklärungen. Wir selbst bestimmen doch, was wir annehmen und was wir nicht annehmen. Wenn Ihr Chef Ihnen zehn Minuten vor Feierabend noch einen Stapel Arbeit bringt und erwartet, daß Sie diese Post noch am selben Abend erledigen, dann liegt es an Ihnen zu entscheiden, was Sie tun. Also könnten Sie ihm sagen, daß die Arbeit, die er Ihnen eben gebracht hat, zwei Stunden dauert, der Feierabend aber in zehn Minuten beginnt. Sie könnten ihm einen Vorschlag machen und ihn bitten, Ihnen zu sagen, wie Sie die Arbeit in zehn Minuten erledigen sollen. Nun liegt die Entscheidung bei Ihrem Chef. Bittet er Sie, Überstunden zu machen, oder überlegen Sie zusammen, welche anderen Lösungen es gibt.

Sprechen Sie mit ihm, finden Sie gemeinsam einen Weg. Vielleicht weiß Ihr Chef gar nicht, daß die Arbeit zwei Stunden dauert; vielleicht ist ihm auch nicht bewußt, daß in zehn Minuten Feierabend ist. Und all das nur, weil Sie nicht den Mut gehabt haben, dem Chef zu sagen, daß Sie eine Arbeit von zwei Stunden nicht in zehn Minuten erledigen können, daß Sie gerne abends nach Hause gehen möchten. Es liegt an Ihnen, sich vom Streß zu lösen. Lassen Sie sich nicht unter Druck setzen! Sie sind derjenige, der abends völlig fertig nach Hause geht, dann nicht schlafen und am nächsten Tag wiederum nicht gut arbeiten kann, weil er unausgeschlafen ist, weil er unter Druck steht. Sie geraten in einen Teufelskreis, den Sie sich selbst schaffen.

Aber vielleicht haben Sie Angst, daß Sie etwas Falsches tun, daß Ihnen gekündigt wird, wenn Sie keine Überstunden machen. Auch hier gilt es, von dieser Angst loszulassen. Vertrauen Sie auf Ihre innere Stimme und machen Sie sich bewußt, daß alles gut ist, so wie es ist. Sollte Ihnen wirklich gekündigt werden, weil Sie den Streß ablehnen, dann werden Sie eine andere, bessere Stelle finden. Dann ist Ihre Zeit für diese Stelle abgelaufen, dann ist es nicht mehr die richtige Stelle für Sie.

Fragebogen *Streß*

Wo leide ich unter Streß?

– im Büro?
– zu Hause?

Wer setzt mich unter Streß?
Warum lasse ich mich unter Streß setzen?
Was hindert mich an der Auflösung von Streß?
Wie gehe ich dabei vor?

Erstellen Sie Ihr persönliches Anti-Streß-Programm

a) fürs Privatleben

___

___

___

b) fürs Berufsleben

___

___

___

Viel Erfolg!

Unehrlichkeit

Harmonie verlangt Ehrlichkeit. Ehrlichkeit zu sich selbst und zu allen Menschen. Das bedeutet Abschied von den kleinen Notlügen, von den kleinen bequemen Ausreden. Es bedeutet „ja" zu der eigenen Meinung und zu sich selbst zu sagen.

Eine Patientin, Agnes, erzählte mir, daß sie bei meinen Seminaren die Wichtigkeit der Ehrlichkeit erkannt habe. Sie entschloß sich, auch im Berufsleben aufrichtig zu sein. Ihr Chef jedoch verlangte von ihr, daß sie am Telefon immer sagen sollte: „Der Chef ist nicht da", wenn er nicht gestört werden wollte. Zunehmend bereitete dieser Zustand Agnes Probleme, und sie fühlte sich unwohl. Sie versuchte, mit ihrem Chef zu sprechen. Aber er hatte kein Verständnis für ihre Situation. Er wollte nicht gestört werden, und für ihn war diese „Notlüge" der bequemste Weg.

Ich riet Agnes dazu, ihrem Chef zu sagen, daß sie für ihn nicht mehr lügen will, schließlich erwarte er von ihr auch Ehrlichkeit. Sie würde künftig die Wahrheit sagen. Ich sprach Agnes Mut zu, denn sie hatte große Angst, ihre Stelle zu verlieren. Sie kam zu folgender Erkenntnis: „Wenn ich die Stelle verliere, weil ich Ehrlichkeit wünsche, dann soll das so geschehen." Mit diesem Bewußtsein ging Agnes in das Gespräch mit ihrem Chef. Und was ist passiert? Der Chef war zwar ein paar Mal wütend, weil Agnes so unbequem war und ihm dies überhaupt nicht paßte. Aber er hat dadurch gelernt, nicht nur ihre Arbeitskraft, sondern auch ihre Ehrlichkeit zu schätzen. Heute ist sie seine Vertraute, hat Prokura bekommen und bezieht ein Spitzengehalt. Agnes fühlt sich wohl, und ihr Chef ist zufrieden.

Wir sehen daran, daß jeder für sich selbst prüfen muß, welchen Weg er einschlägt. Der bequemste Weg ist nicht immer der sinnvollste. Fragen Sie sich, in welchen Bereichen Sie zu Notlügen greifen. Lernen Sie, zu sich und zu Ihrer Meinung zu stehen. Wenn Sie heute keine Lust haben, mit ihren Freunden zum Essen zu gehen, dann sagen Sie das freundlich, aber ohne Ausflüchte. Schützen Sie nicht Arbeit oder Kopfschmerzen vor, wenn Sie nicht in der Stimmung sind. Unehrlichkeit ist recht anstrengend, muß man doch dauernd überlegen, was man wem wann gesagt hat. Und andere Menschen haben meist ein gutes Gespür für Lügen, selbst wenn es „nur" Notlügen sind. Es gibt keine Not, die zur Lüge zwingt.

Partnerschaftsprobleme

Hier sind wir in einem Bereich, in dem es ganz besonders viel loszulassen gibt. Die Partnerschaft beginnt meistens mit einem Zustand der Verliebtheit. Wir lernen uns kennen und sehen den anderen durch eine rosarote Brille, weil wir in ihn verliebt sind. Die unangenehmen Eigenschaften sehen wir nicht oder wollen wir nicht sehen. So genießen wir das zauberhafte Gefühl, über den Wolken zu schweben, mit einer anderen Seele im Gleichklang zu schwingen. Kurzum, wir sind verliebt und glücklich. Doch im allgemeinen hält dieser Zustand nicht besonders lange an. Ob aus einer Verliebtheit Liebe werden kann, entscheidet sich sehr schnell, und zwar in dem Moment, in dem wir mit der Wirklichkeit konfrontiert werden. Wirklichkeit heißt, in der Realität mit dem Partner zu leben.

Eine gute Partnerschaft benötigt zwei Grundpfeiler, ohne die sie auf Dauer nicht existieren kann:
– den Partner zu bewundern und
– eine gemeinsame Aufgabe zu haben.

Ohne diese beiden Säulen hat die Liebe keine Chance. Dabei spielt es keine Rolle, ob Sie Ihren Partner dafür bewundern, daß er gut aussieht, (was sich natürlich im Lauf der Zeit auch ändern kann) oder ob Sie seine Stärke, seine Sensibilität mögen oder sich ganz einfach in seiner Gegenwart wohl fühlen.

Auch spielt es keine Rolle, ob die gemeinsame Aufgabe darin besteht, Kinder zu erziehen, ein Geschäft aufzubauen oder eine andere, eigene Lebensform zu finden. Wichtig ist dabei nur, daß beide das gleiche Ziel haben. Fehlt eines der beiden Kriterien, dann hat die Partnerschaft langfristig keine Chance zu überleben, selbst wenn die Liebe noch so groß ist. Überprüfen Sie Ihre Beziehung, Ihre Partnerschaft.

Fragebogen *Partnerschaft*

– Habe ich meinen Idealpartner?
– Was bewundere ich an meinem Partner?
– Welche gemeinsame Aufgabe haben wir?
– Was fehlt mir in meiner Partnerschaft?
  – auf emotionalem Gebiet?
  – im geistigen Bereich?
  – sonstiges?
– Was biete ich meinem Partner?

– Welche Ansprüche habe ich an meinen Partner?
– Was kann unsere Beziehung verbessern?

____

____

____

____

Bis vor kurzem war es bei den Chinesen üblich, daß die Eltern die Kinder verheirateten – eine Sitte, die bei vielen asiatischen Völkern seit Jahrhunderten praktiziert wird. Erstaunlicherweise gibt es oder gab es dort viel mehr glückliche Ehen als bei uns im Westen. Die Chinesen vergleichen die Ehe mit einem Topf Wasser. Sie sagen, im Westen ist es wie mit einem Topf heißen Wassers: Er wird vom Ofen genommen und wird langsam kalt. Bei uns ist das anders: Wir setzen einen Topf mit Waser auf eine beständige Flamme der gegenseitigen Achtung, der Bewunderung, der gemeinsamen Aufgabe, und allmählich erwärmt man sich füreinander, und es entsteht Liebe. Es schadet nicht, wenn beides zusammenkommt, wenn man einander liebt und eine gemeinsame Aufgabe hat.

Es ist sicher sinnvoll für all diejenigen, die über unglückliche Partnerschaften klagen, sich darüber klar zu werden, warum ihre Beziehungen nie Bestand haben. Natürlich gibt es auch Menschen, die immer im Zustand der Verliebtheit leben wollen – fern der Realität. Sobald aber der Zauber des Verliebtseins nachläßt, das heißt, sobald die Wirklichkeit sich in diese Traumwelt drängt, sagt man enttäuscht: „Es ist leider keine Liebe geworden“, und man sucht sich einen neuen Partner, verliebt sich aufs neue. Und so vergeht das Leben als eine Art Wanderschaft – von einer Verliebtheit zur anderen, von einem Menschen zum anderen und von einer Hoffnung zur anderen. Es gibt Menschen, die haben ihr ganzes Leben lang die Liebe nie kennengelernt, aber sie waren ständig verliebt.

Liebe ist das Wissen, daß man geliebt wird, egal ob man sich streitet oder ob man verschiedener Meinung ist. Egal, ob man ganz nah nebeneinander sitzt oder ob tausend Kilometer dazwischen liegen. Liebe ist eine Schwingung, die die Herzen berührt. Derjenige, der sich immer nur verliebt, betrügt sich somit um das Schönste. Er ist vergleichbar mit einem Schmetterling, der von einer Blüte zur anderen hüpft, doch niemals erlebt, wie eine Frucht reift. Das Verliebtsein ist wie eine Blüte mit kurzem Bestand, sie sieht wunderbar aus, aber sie hält nicht lange. Der Sinn der Blüte ist es, eine Frucht zu bringen. Nutzen Sie die Zeit des Verliebtseins, um in gegenseitiger Achtung und Bewunderung eine gemeinsame Aufgabe zu finden, durch die die Liebe wachsen kann.

Ein Feind der Liebe ist die Angst – etwa die Angst vor dem Verlust des Partners. Wer sich an den Partner klammert, hat schon den ersten Schritt zum Ende einer Beziehung gemacht. Liebe kann sich nur in Freiheit entwikkeln, leben und wachsen. Wer versucht, den Partner gewaltsam an sich zu binden, unterdrückt ihn und zerstört damit die Liebe. Auch in einer Partnerschaft sind Vertrauen und Offenheit wesentliche Momente. Ehrlichkeit ist notwendig.

Mit der Ehrlichkeit können Sie in verschiedener Art und Weise umgehen. Sie können eine lieblose Form für Ihre Ehrlichkeit wählen. Sie können aber auch dem anderen die Wahrheit hinhalten wie einen Mantel, damit er hineinschlüpfen kann, wenn er dazu bereit ist. Sie brauchen Ihrem Partner Ihre Wahrheit nicht wie einen nassen Lappen um die Ohren zu schlagen. Achten Sie immer darauf, den richtigen Zeitpunkt und den richtigen Ort für eine Aussprache zu wählen, damit wichtige Argumente nicht verschwiegen werden. Unausgesprochenes wirkt sich zerstörerisch auf jede Beziehung aus: Irgendwann kommt es zum Vorschein, und das ist dann meistens der falsche Moment. Ohne Ehrlichkeit kommen Sie auf Dauer nicht miteinander zurecht. Sie ist die Basis für das gegenseitige Vertrauen und verhindert Unsicherheit.

Wenn Sie Ihrem Partner unangenehme Dinge zu sagen haben, dann sagen Sie ihm Ihre Meinung offen und klar. Achten Sie darauf, daß Sie ihn nicht verletzen. Im richtigen Ton und mit freundlichen, einfühlsamen Worten können Sie alles sagen.

Wenn es um sachliche Dinge geht, dann bleiben Sie auf der sachlichen Ebene, werden Sie nicht persönlich. Geht es um persönliche Eigenheiten, dann fragen Sie sich, wie es um Ihre Einstellung bestellt ist. Wenn Sie der Meinung sind, daß es Eigenschaften sind, die Ihr Partner ändern kann, dann sprechen Sie mit ihm darüber. Oder ändern Sie Ihre Meinung.

Auch sollten Sie ehrlich zu sich selbst sein. Finden Sie heraus, ob Sie Ihren Partner wirklich lieben oder ob es andere Gründe gibt, die ihre Beziehung aufrecht erhalten. Wie reagieren Sie, wenn Sie erfahren, daß Ihr Partner Sie betrügt?

Sie haben die Gewißheit, daß er schon eine ganze Zeit ein Verhältnis hat, von dem Sie nichts wußten. Was geschieht jetzt mit Ihrer Liebe? Stellen Sie sich das wirklich bildhaft vor. Lieben Sie ihn jetzt weniger? Wenn Sie das bejahen, dann ist es keine Liebe. Liebe ist nicht abhängig vom Verhalten des anderen, ist nicht abhängig von äußeren Dingen.

Versuchen Sie einmal, Ihre Liebe zu zeichnen – als farbiges Bild. Welche Farben beherrschen Ihr Bild? Sind es helle, leuchtende Farben, oder sehen Sie eher schwarz? Schenken Sie Ihr Bild Ihrem Liebsten – als sichtbaren Ausdruck Ihrer Liebe.

Spüren Sie Zweifel, nagende Gedanken, Unsicherheiten, wenn Sie an Ihre(n) Herzliebste(n) denken? Folgen Sie diesen Gefühlen, denn sie sagen Ihnen mehr über Ihre inneren Empfindungen und das Wesen Ihrer Partnerschaft, über den Zustand Ihrer Beziehung. Dann können Sie immer noch entscheiden, ob Sie loslassen von dieser Beziehung oder ob diese Beziehung auf eine andere Basis gestellt werden kann. Jetzt können Sie noch etwas ändern. Sie können an Ihrer Einstellung arbeiten, Sie können lernen, mehr zu lieben. Liebe kann man lernen. Liebe ist eine Kunst, die von Grund auf erlernt werden muß.

Jeder scheinbar unersetzliche Verlust offenbart am Ende eine heilende Kraft.

(I-Ging)

Die meisten von uns müßten auch lernen, im Umgang miteinander liebevoller zu werden, womit wir nicht „liebenswürdiger“ meinen. Liebevoller bedeutet, dem anderen Liebe zu geben, ohne eine Gegenleistung dafür zu verlangen. Es werden so viele Anstrengungen unternommen, liebenswürdig zu sein. Jeder versucht, das Beste aus sich zu machen, sitzt stundenlang beim Friseur, gibt enorm viel Geld für schöne Kleidung aus. Viele besuchen Schulen, um sich weiterzubilden, andere halten ihren Körper fit. All diese Anstrengungen unternimmt man, um liebenswürdig zu sein, um Liebe anzuziehen!

Nur wenigen fällt dabei auf, wie einseitig sie sind. Sie wollen Liebe bekommen, aber sie wollen keine Liebe geben. Solche Menschen glauben gern an den Zufall. Sie glauben, sie brauchten nur dem richtigen Partner zu begegnen, der sie liebt. Dabei vergessen sie, ganz einfach selbst ein idealer Partner zu werden oder zu sein. Man kann dem idealen Partner jedoch erst dann begegnen, wenn man selbst zum idealen Partner geworden ist. Und hier sind wir wieder beim Gesetz der Entsprechung: Man kann nur das erhalten, was einem entspricht: Wenn man ein mittelmäßiger Partner ist, dann zieht man auch nur mittelmäßige Partner an. Lassen wir die Mittelmäßigkeit los, werden wir liebevoller, offener und ziehen so wahre Liebe an.

Ein weiteres Kapitel zu diesem Thema ist der wunde Punkt „Eifersucht". Es gibt berechtigte und unberechtigte Eifersucht, und es gibt krankhafte Eifersucht. Alle drei Formen sollten wir loslassen. Keiner möchte gerne bewußt eifersüchtig sein, Eifersucht ist einfach da. Nicht umsonst heißt es: „Eifersucht ist eine Leidenschaft, die mit Eifer sucht, was Leiden schafft."

Aber Eifersucht kommt nicht so einfach angeflogen. Eifersucht hat Gründe, hat Ursachen. Erst wenn wir diese Ursachen erkennen, wenn wir wissen, warum wir eifersüchtig sind, können wir sie auch loslassen.

Hinter jeder Eifersucht steckt ein geringes Selbstwertgefühl, ein Sich-selbst-nicht-Annehmen: Es bedeutet, daß man sich nicht wert fühlt, daß der andere bei einem bleibt, weil man sich eigentlich selbst nicht viel wert ist. Kaum jemand denkt natürlich bewußt so, doch unterschwellig ist dieses Gefühl stark ausgeprägt. Daraus schließen wir, ebenfalls wieder unbewußt: „Wenn ich mich nicht mag, wie kann der andere mich dann mögen?“ Damit Sie nicht mehr eifersüchtig sein müssen, sollten Sie lernen, sich selbst zu lieben. Wenn Sie sich lieben, dann glauben Sie gern, daß ein anderer Sie ebenfalls lieben kann. Bei der Auflösung unserer Eifersucht sollten wir jedoch niemals vergessen, daß unser Partner nicht unser Besitz ist. Liebe gedeiht in Freiheit und kann nur in Freiheit leben und überleben. Besitzanspruch ist das Gefängnis der Gefühle.

Lassen Sie los! Alles, was zu Ihnen gehört, bleibt sowieso bei Ihnen.

Was einem wirklich gehört, das kann man nicht verlieren, und wenn man es wegwürfe.

(I-Ging)

Negatives Selbstbild

Sicherheit kann nur entstehen, wenn Sie selbst sicher sind, also *Selbst-Sicherheit* besitzen. Zweifel an sich, an seinen Fähigkeiten, wirken sich negativ auf alle Lebensbereiche aus. Sie sind unsicher, fühlen sich sofort bei der leisesten Kritik angegriffen. Diese Unsicherheit bestimmt Ihr Denken und folglich auch Ihr Handeln. Es ist höchste Zeit, das negative Bild, das Sie sich von sich gemacht haben, auszutauschen. Richten Sie Ihr Augenmerk auf Ihre Vorzüge:

- Was ist an Ihnen positiv und liebenswert?
- Welche positiven Charaktereigenschaften haben Sie?
- Welche Fähigkeiten besitzen Sie?
- Was gefällt Ihnen besonders an Ihrem Äußeren?

Schreiben Sie alles auf. Es ist eine lange Liste, die immer umfangreicher wird, je intensiver Sie an sich arbeiten und je besser Sie sich kennenlernen. Werden Sie sich Ihrer selbst bewußt, dann können Sie getrost alles loslassen, was Ihrem Bild nicht entspricht. Sie sind, was Sie denken: Denken Sie positiv von sich, dann verstärken sich Ihre positiven Anlagen.

Erarbeiten Sie sich eine persönliche Suggestion, in der Sie sich ganz besonders mit den noch vorhandenen „Schwachstellen" befassen.

Sie sind so liebenswert, so attraktiv und so erfolgreich, wie Sie sich selbst sehen. Sie sind der liebenswerteste Mensch auf dieser Welt, sofern Sie sich selbst lieben. Sie strahlen dann so viel Liebe aus, senden positive Schwingungen, daß Sie diese Welt schöner, friedvoller und harmonischer machen. Ich freue mich, daß es Sie gibt.

Krankheit

Wie wir inzwischen wissen, wirkt selbst die kleinste Gefühlsregung auf unsere Zellen und bewirkt eine Veränderung in unserem Körper. Dies läuft über unser Unterbewußtsein ab.

– Wie steht es um Ihre Gesundheit?
– Sind Sie leistungsfähig, dynamisch und fit?
– Wohnt Ihre Seele in einem gesunden Körper?
– Haben Sie für Harmonie in Ihrem Leben gesorgt?

Wenn Sie diese Fragen bejahen können, werden Sie auch über gesunde Zellen, das heißt Gesundheit, verfügen.

Krankheit ist immer Ausdruck einer Disharmonie – Disharmonie zwischen Körper, Seele und Geist. Jedes Krankheitsbild hat ein eigenes „Gesicht", eine eigene Aussage. Erst wenn wir den Sinn einer Krankheit verstehen, wenn wir die Ursachen finden, werden wir eine endgültige Heilung herbeiführen können.

Wer mit seinem Körper umgeht wie mit einem Gebrauchsgegenstand, wie mit einem Auto, der wird niemals das überwältigende Gefühl der Einheit zwischen Körper, Geist und Seele erfahren können. Er wird seinen Körper zur Autogarage – also zum medizinischen Check-up bringen. Kaputtes wird repariert, und Altes wird durch Ersatzteile ausgetauscht. So einfach ist das.

Wer sich so verhält, braucht sich nicht zu wundern, wenn eines Tages sein Körper streikt, fehlt ihm doch die notwendige Nahrung. Für diese Nahrung muß schon jeder selbst sorgen, da sie nicht einfach in den Regalen der Supermärkte zu finden ist. Geistige Inhalte wollen erarbeitet sein.

Wenn das Innen verkümmert und das Außen glänzende Formen annimmt, was nützen da Gesetze?

(Dschwang Dse)

Wenn Sie keine gesundheitlichen Probleme haben – um so besser. Sie bleiben auch weiterhin gesund, sofern Sie wie bisher an sich arbeiten und für Harmonie in und um sich sorgen. Alles, was Ihnen geschieht, ist Ausdruck Ihrer Einstellung und macht Ihnen immer wieder klar, wo Sie auf dem Weg zur Erkenntnis stehen. Sie haben die Wahl: Entweder lernen Sie freiwillig oder Sie lernen durch Leid. Krankheit ist das beste Beispiel für den Weg des Leidens. Das Leid dauert so lange, bis Sie Ihre Lektion gelernt haben.

Nehmen wir einmal ein praktisches Beispiel:

Ihnen tut das linke Knie weh, Sie gehen vermutlich erst einmal zum Arzt. Sämtliche Untersuchungen bringen kein konkretes Ergebnis. Also versuchen Sie es mit anderen Doktoren – der Erfolg ist nicht besser. So lang wie die Reihe der Spezialisten, die Sie konsultieren, so vielfältig sind vermutlich dann auch die Diagnosen. Eine ist schöner und interessanter als die andere – nur kann selbst ein lateinischer Begriff Ihre Schmerzen nicht lindern. Sie wissen vielleicht, was für eine Krankheit Sie haben, aber das ändert Ihre schmerzhafte Situation nicht. Und solange Sie die Botschaft Ihres Körpers nicht verstehen, werden Sie weiterhin Schmerzen haben müssen.

Deshalb fangen Sie doch am besten gleich an zu lernen. Überdenken Sie, was die Harmonie in Ihnen stört. Lassen Sie es los, und Sie sind die Schmerzen im gleichen Moment los. So schnell geht das! Natürlich ist die Praxis schwieriger, denn viele alte Verhaftungen sind uns nicht bewußt, und es dauert oft lange, bis wir die Sprache unseres Körpers verstehen, um die notwendigen Konsequenzen daraus ziehen zu können.

Arbeiten Sie unsere Listen durch und finden Sie heraus, warum Ihnen das Leben eine Dauermahnung in

Form von Krankheit und Leid schickt. Sie werden garantiert einiges finden, was nicht oder nicht mehr zu Ihnen gehört. Sobald Sie diesen Ballast abgeworfen haben, wird Ihr Körper darauf reagieren.

Wenn Sie also Ihre Lektion mit Erfolg lernen, an sich arbeiten und all das loslassen, was nicht zu Ihnen gehört, dann vergehen die Schmerzen im Knie sehr schnell. Die Ärzte werden staunen, keine medizinische Erklärung finden und Ihre Genesung mit „Glück gehabt" begründen. Doch wir – Sie und ich – wissen, daß es weder Glück noch Pech gibt, ebenso wie es keinen Zufall gibt. Es gibt nur Ursache und Wirkung.

Ein Körper an sich kann überhaupt nicht krank werden, denn er ist perfekt konstruiert. Er funktioniert einwandfrei, wenn Sie den Mechanismus nicht stören oder behindern. Betrachten Sie Ihren Körper als sichtbares Zeichen Ihres Bewußtseins. Haben sich in Ihrem Bewußtsein Dinge niedergelassen, die Disharmonien verursachen? Jedes einzelne Störfeld finden Sie deutlich in Ihrem Körper wieder: als Krankheit und Schmerz.

Sobald Sie dies verstehen, sobald Sie alle Disharmonien – also alle Ursachen für Ihre Erkrankung – auflösen, vergeht der Schmerz, denn dann können die Selbstheilungsmechanismen des Körpers wirksam werden. Gesundheit – der Urzustand Ihres Körpers – wird Ihre innere Harmonie widerspiegeln.

Es gibt gerade auf dem gesundheitlichen Gebiet extreme Beispiele für unsere These:

Bei Vinzenz, einem Mann in den besten Jahren, wurde Dickdarmkrebs festgestellt. Er wurde operiert, das heißt, die Ärzte haben ihn aufgeschnitten und sofort wieder zugemacht. Alles war bereits voller Metastasen. „Ein hoffnungsloser Fall", sagten die Ärzte. Dem Patienten wurde der Befund verschwiegen, doch seine Frau erfuhr die Wahrheit. Und sie tat etwas Bewundernswertes: Sie faßte all ihren Mut zusammen und sagte ihrem Mann die Wahrheit, damit er seine letzten Tage nicht in Unkenntnis verleben sollte, damit er sich auf den Tod vorbereiten konnte.

Diese Nachricht war für Vinzenz ein furchtbarer Schock, und er brauchte ein paar Tage, um zu verstehen. Dann kam er zu mir. Er schilderte ohne Umschweife seine Situation und sagte, daß er nur noch ein paar Wochen in diesem Leben habe. Er wollte wissen, was er für sein nächstes Leben tun könne. Ich konnte ihm nur diesen Ratschlag mit auf seinen Weg geben:

„Jeden Moment dieses Lebens richtig zu leben: das Denken ändern, das Fühlen, das Reden, das Verhalten. Etwas Besseres können Sie nicht tun. Seien Sie so, wie Sie im nächsten Leben sein möchten. Lassen Sie alles los, was nicht zu Ihnen gehört. Seien Sie *Sie selbst*. Verwirklichen Sie die Vollkommenheit Ihres wahren Selbst. Dann werden Sie das nächste Leben richtig beginnen. Sie bekommen eine harmonische Seele und deshalb einen gesunden Körper." Er hat meinen Rat befolgt. Ein halbes Jahr später sah ich ihn – braungebrannt, dynamisch und topfit. Er kam gerade von einem Tennisurlaub, hatte Pläne für die Zukunft, war das blühende Leben selbst. Von Krebs sprach niemand mehr. Die Untersuchungen waren abgeschlossen; er war geheilt.

So unglaublich diese Geschichte klingt – ich habe sie selbst erlebt, und sie ist ein Beweis für die Wirksamkeit der geistigen Gesetze. Dieser Mann, der offensichtlich zum Tode verurteilt war, hat in den vermeintlich letzten Wochen seines Lebens durch radikales Loslassen aller Unvollkommenheit sein Leben verlängert. Er hat sich dadurch Gesundheit erworben – Ausdruck innerer Harmonie. Inzwischen sind bereits fünf Jahre vergangen; er lebt immer noch, ist gesund und macht vielen Menschen Mut durch seine eigene Erfahrung. Er ist zum Vorbild geworden, ein Beispiel, daß es nie zu spät ist, etwas zu verändern.

Seine Geschichte ist aber auch Beweis dafür, daß es keine unheilbaren Krankheiten, sondern nur unheilbare Menschen gibt. Wer nicht bereit ist, sein Bewußtsein zu ändern, muß die schmerzhafte Lektion so lange erdulden, bis er die Erkenntnis gewonnen und umgesetzt hat. Der Körper kann keine Veränderung des Bewußtseins herbeiführen, er kann lediglich zeigen, daß etwas nicht in Ordnung ist. Diese Veränderung, die oft recht einschneidend sein kann, wird nicht durch Tabletten oder Spritzen bewirkt, die nur die Symptome überdecken.

Eine wirkliche, tiefgreifende Veränderung können nur Sie allein durchführen. Diese Arbeit kann Ihnen niemand abnehmen. Doch sollten Sie Ihrem Körper dankbar sein, daß er Ihnen zeigt, was nicht in Ordnung ist. Ohne Leid und Schmerz wären Sie sich über manche Mißstände tief in Ihnen selbst nicht bewußt. Und Sie hätten dann keine Möglichkeit, eine Verbesserung zu erreichen, könnten nicht zu Harmonie und Erfüllung gelangen.

„Loslassen, was nicht zu mir oder nicht mehr zu mir gehört“ – diese Erkenntnis wird Sie heilen. Ihr Körper heilt sich ganz von selbst. Alle Symptome verschwinden scheinbar von selbst, so wie sie scheinbar von selbst gekommen sind.

Hier eine kleine Übung, die Sie harmonischer macht. Sorgen Sie für Ruhe, entspannen Sie sich und lassen Sie geschehen.

Ich schließe meine Augen.

Ich lasse meinen Körper los.

Ich bin vollkommen bewegungslos.

Ich sinke in mich hinein.

Ich erlebe ganz bewußt, wie sich die Atmosphäre in diesem Raum verändert, sobald ich ganz bewegungslos bin.

Ich spüre diese wohltuende Ruhe in mir und sinke in das Licht in mir.

Ich ruhe in meiner Mitte.

Ich prüfe, ob mein Bewußtsein weit und offen ist.

Ich lasse mein Bewußtsein ganz weit werden, fülle den ganzen Raum mit meinem Bewußtsein aus.

In diesem wunderbaren Gefühl des Friedens und der Freiheit kann ich ganz leicht alle Menschen so annehmen, wie sie sind.

Ich löse alle Erwartungen auf.

Ich bejahe alles so, wie es ist.

Ich löse alle Erwartungen auf und akzeptiere jeden Menschen in seinem Sein.

Ich spüre, wie diese wohltuende Ruhe meinen Körper durchströmt, wie mich die Liebe zum Leben durchflutet.

Ich bin Harmonie.

In dieser Einheit kehre ich zurück an die Oberfläche des Seins.

Ich komme zurück ins Hier und Jetzt.

Wollen Sie jetzt einmal feststellen, was Ihr Körper ausdrückt? Wenn Sie krank sind oder wenn Sie dazu neigen, schnell eine Erkältung zu bekommen oder Sie sich häufig unwohl fühlen, dann fragen Sie sich, wie Sie Ihre Krankheiten – oder wie wir eben gelernt haben „sichtbaren Disharmonien“ – werten:

– Ich leide akut an:

____

– Ich habe häufig folgende Beschwerden:

____

– Ich nehme regelmäßig folgende Medikamente ein:

____

– Sobald ich mich nicht ganz wohl fühle, gehe ich zum Arzt oder Heilpraktiker.
☐ ja ☐ nein

– Ich befasse mich viel mit Krankheiten (im Fernsehen, Radio, Lektüre etc.)
☐ ja ☐ nein

– Sobald ich von Krankheiten höre, befürchte ich, daß auch ich daran erkranken könnte.
☐ ja ☐ nein

– Ich finde es schön, wenn sich meine Familie/Freunde um mich sorgen und mich verwöhnen, weil ich etwas kränklich bin.
☐ ja ☐ nein

– Sobald ich mich nicht wohl fühle, schone ich mich und achte besonders auf meinen Körper.
☐ ja ☐ nein

Wenn Sie die meisten der Fragen mit *ja* beantworten, dann sollten Sie dieses Kapitel ganz intensiv durcharbeiten. Sie wissen, daß Sie durch Ihre Gedanken Ihr Leben nachhaltig beeinflussen – Sie wissen auch, daß *Sie* über Ihre Gedanken entscheiden. Wenn Sie sich so viel mit dem Thema „Krankheit" befassen, dann kann daraus gar nichts anderes als Krankheit entstehen.

Sie sind, was Sie denken. Denken Sie sich gesund! Ab sofort achten Sie darauf, daß Sie gedanklich einen großen Bogen um alles machen, was mit Krankheit zu tun hat. Damit meine ich jedoch keinesfalls, daß Sie die Signale Ihres Körpers ignorieren sollten.

Wenn Sie Kopfschmerzen haben, dann haben Sie Kopfschmerzen. Der Gedanke „Ich habe keine Kopfschmerzen" ändert hier nichts an der Situation. Sie können aber dafür sorgen, daß Sie keine Kopfschmerzen mehr bekommen – über Ihre Gedanken. Wenn Sie häufig bei Hochdruckwetter an Migräne leiden, dann neigen Sie vermutlich zur Furcht vor dieser Wetterlage. Nach dem Motto: „Bei diesem Wetter bekomme ich bestimmt morgen Migräne." Und was geschieht? Sie bekommen Ihre Kopfschmerzen. Sie haben sich ja geradezu darauf eingestellt.

Durchbrechen Sie solche Gedankenmuster. Sie bekommen keine Migräne, wenn Sie es nicht wollen. Gehen Sie sogenannte „gefährdete Tage" ruhig, gelassen und mit der Zuversicht an, daß es Ihnen gutgehen wird. Natürlich klappt das nicht immer sofort. Oftmals liegen jahrelange Denkmuster vor, die so tief verwurzelt sind, daß sie mit einem einzigen neuen Gedanken nicht aufzulösen sind. Hier hilft nur konsequente Arbeit und Geduld – Geduld und nochmals Geduld.

Lassen Sie alle Gedanken an Krankheit los. Sie können gesund sein, wenn Sie es in Ihrem tiefsten Inneren wünschen.

Hannelore war eine recht sympathische ältere Dame, die durch mehrere Hüftoperationen gezwungen war, an Krücken zu gehen.

Wer sie etwas länger kannte, wußte, daß Sie diese Krücken nicht nur benötigte, um sich zu bewegen. Ihre Krücken waren im wahrsten Sinn des Wortes *Lebenskrücken*.

Hannelore wurde von einer sehr dominanten Mutter völlig unterdrückt, hat nie gelernt, ihre eigenen Bedürfnisse auszuleben, sie konnte sich nicht entfalten. Sobald sie irgend etwas Eigenständiges begann, kritisierte die Mutter diese Aktion. Hannelore heiratete früh, um diesem Druck zu entkommen.

Innerlich völlig unsicher, suchte sie einen Weg, sich durchzusetzen. Als sie bald nach der Hochzeit immer stärkere Schmerzen in den Hüften bekam, griff sie – unbewußt – nach diesem Strohhalm. Sie war nicht gesund. Obwohl sie ihre Aufgaben gut meisterte, hatte sie es bald geschafft, daß alle – die Familie und die Freunde – Rücksicht auf sie nahmen. Sie spürte auf einmal, daß sie Macht besaß. Sie, die immer unter der Macht ihrer Mutter gelitten hatte, lebte nun auf.

Sie fand elegante Wege, dieses neue und angenehme Gefühl auszuleben. Immer weniger wurde unternommen, weil Hannelore dieses nicht konnte und jenes zu anstrengend für sie war. Nun ist sie 60 geworden, hat die Operationen gut überstanden, und sie könnte sogar ohne Krücken gehen.

Der Arzt erstellte ihr ein umfangreiches Programm mit Bewegungstherapie, Bädern und Packungen sowie einen Plan für die Gewichtsreduzierung. Aber: Wenn sie alles konsequent durchgeführt hätte, wären ihre Krükken nicht mehr notwendig gewesen. Sie hätte sich freier bewegen können. Doch das wollte Hannelore auf keinen Fall. Waren doch die Krücken ein sichtbares Zeichen für ihre Behinderung, so daß auch jeder Fremde Rücksicht auf sie nehmen mußte. Und das war sie schließlich seit Jahrzehnten gewohnt. Alle taten, was sie wollte. Damit hat sie ihre Minderwertigkeitskomplexe bestens kompensiert, hatte ihre seelischen Krücken, auf die sie natürlich nicht mehr verzichten konnte und wollte.

Krankheit ist nicht immer nur passives Leiden, sondern kann auch aktives Handeln, ein wirksames Druckmittel sein. Wen setzen Sie unter Druck mit Ihrer Krankheit? Vielleicht sind Sie sogar Täter und Opfer in einer Person? Beantworten Sie sich diese Fragen:

- Erleichtert mir meine Krankheit das Leben?
- Werde ich verwöhnt?
- Kümmern sich alle um mich, erhalte ich viel Aufmerksamkeit?
- Würden sich meine Freunde, Familie, Kollegen anders verhalten, wenn ich gesund wäre?
- Habe ich Vorteile durch meine Krankheit?
- Wer leidet unter meiner Krankheit?

Krankheiten sind Lehrjahre der Lebenskunst und der Gemütsbildung.

(Novalis)

Lassen Sie Ihre Krankheiten los. Das Wesen des Seins ist die Harmonie. Diese Harmonie können Sie in sich selbst entstehen lassen. Folgen Sie dem Seinsauftrag, lassen Sie die Vollkommenheit Ihres wahren Selbst zu, dann leben Sie glücklich und sind gesund und zufrieden. Die Voraussetzung dafür ist jedoch, daß Sie alles loslassen, was nicht zu Ihnen gehört, was Ihre Vollkommenheit unvollkommen macht, was Ihre Harmonie stört.

Auch für die Gesundheit gelten die gleichen Regeln wie für alle anderen Lebensbereiche:

- Gedankendisziplin
- bewußtes Denken und Handeln
- Wissen um Ursache und Wirkung

Wenn Sie immer wieder in negative Gedanken verfallen, dann stellen Sie doch einmal einen Wächter an die Tür zu Ihrem Bewußtsein. Sobald sich nur etwas Negatives nähert, verweigert er den Eintritt in das Bewußtsein. Alle Gedanken, die keine positive Wirkung hervorrufen, bleiben außerhalb Ihres Bewußtseins. Sie lassen solche Impulse nicht mehr zu.

Sie lesen das Richtige, hören bewußt dem Richtigen zu, Sie denken richtig, und folglich werden Sie nur von aufbauenden, konstruktiven, bejahenden Gedanken erfüllt.

Der Wächter am Tor Ihres Bewußtseins achtet natürlich auch darauf, was Ihr Bewußtsein verläßt. Er verweigert jedem negativen Gedanken den Weg nach draußen, denn dieser Gedanke ist von größter Bedeutung, er verursacht Ihr Schicksal. Ihr Wächter ist deshalb besonders kritisch, und das kommt Ihnen zugute.

Prüfen Sie jeden Gedanken sorgfältig. Ist er in Ordnung, dann können Sie ihn beruhigt zulassen. Er dient Ihrer Weiterentwicklung.

Wenn immer mehr Menschen diesen Weg konsequent gehen, dann werden sich die Wartezimmer der Ärzte leeren, denn sie brauchen keinen Medizinmann mehr. Sie kurieren ihre Krankheiten selbst in der Gewißheit, daß jeder sich selbst heilen kann. Das ist zu ihrem Vorteil und hilft den Unverbesserlichen wenigstens insoweit, als die Ärzte mehr Zeit für sie haben.

Sie bekommen einen Körper, der Ihrem Bewußtsein entspricht, und Sie bekommen natürlich auch das Schicksal, das Ihrem Bewußtsein entspricht. Über Ihr Bewußtsein bestimmen Sie. Sie lesen dieses Buch, weil Ihre Seele Sie bis hierher geführt hat, weil Ihre Seele Ihnen zeigen will, daß Sie alles loslassen können, was Sie krank macht. Sie brauchen gar nicht krank zu werden; Sie brauchen auch keine Schicksalsschläge. Sie brauchen nur Ihrem Seinsauftrag zu entsprechen, brauchen nur *Sie selbst* in aller Vollkommenheit zu sein. Der Moment der Erkenntnis ist der erste Impuls zur Veränderung.

Ich will Ihnen hier eine Hilfestellung mit einer allerdings nur kleinen Auflistung über die Zusammenhänge von Körper und Seele geben:

Psychosomatische Zusammenhänge

Allergien
sind Abwehrmechanismen.
Wogegen wehren Sie sich unbewußt?
Was können Sie nicht leiden?
Ändern Sie Ihre Einstellung oder schaffen Sie es ab.

Abhängigkeiten
zum Beispiel von Alkohol, Nikotin, Drogen, Medikamenten deutet auf eine Schwäche hin, Probleme zu lösen; sie ist eine Flucht aus der Realität, eine Flucht vor sich selbst.
Stärken Sie Ihr Selbstbewußtsein.
Lernen Sie sich kennen, und setzen Sie sich Ziele; suchen Sie Positives im täglichen Leben. Lassen Sie Ihre „Krücken" los – Sie können allein gehen!

Augenschwächen
Was wollen Sie nicht „sehen", nicht wahrnehmen? Sehen Sie das Naheliegende nicht (weitsichtig), oder weigern Sie sich, in die Ferne, die Zukunft zu blicken (kurzsichtig)? Lassen Sie los von Ihrer eingeschränkten Betrachtungsweise, Sie übersehen sonst das Schönste im Leben!

Blähungen
Unverdaute Probleme und gärende Gedanken machen Ihnen zu schaffen.
Warum arbeiten Sie sie nicht auf? Warum verdauen Sie sie nicht?

Blutdruck
Hoher Blutdruck: Ständige Belastungen und Probleme halten Ihr System immer auf Trab.
Niedriger Blutdruck: Mangelnde Lebensfreude, Lustlosigkeit, Antriebsschwäche erfüllt Ihr Dasein.
Alles ist zu ändern – fangen Sie sofort damit an.

Durchfall
Sie wollen unangenehme Dinge schnell loswerden.
Decken Sie die Ursachen auf, lösen Sie die Probleme richtig, und dann können Sie getrost alles loslassen.

Erkältung
Schwelende Dauerkonflikte schwächen die Abwehrkräfte. Stellen Sie sich der Situation.

Hautprobleme (Akne, Allergie etc.)
Auch die Haut ist ein Spiegel der Seele, und sie zeigt alles, was Sie unterdrücken.

Fieber
Der Körper reagiert mit Abwehr auf eine aktive Problemauseinandersetzung.

Herzschmerzen
„Beziehungsprobleme", starke seelische Belastungen und Verlustängste machen diese Schmerzen möglich. Entdecken Sie Ihr Herz auch einmal für sich! Lieben Sie sich selbst.

Kopfschmerzen
Häufig machen sie verstandesorientierten Menschen das Leben schwer. Sie deuten auf eine Überlastung des Kopfes hin. Leben Sie mehr aus dem Bauch, lassen Sie Ihre Gefühle zu!

Gelenkschmerzen
Sie drücken geistige Unbeweglichkeit, Sturheit und wenig Flexibilität aus. Trainieren Sie nicht nur Ihren Körper, auch Ihr Geist braucht Bewegung, um fit zu bleiben.

Menstruationsschmerzen
Sie machen eine Ablehnung der Weiblichkeit deutlich. Entdecken Sie Ihre Einzigartigkeit und genießen Sie es, eine Frau zu sein.

Rückenschmerzen
Sie weisen auf starke Belastung und schwerwiegende Probleme hin. Werfen Sie Ihre Last ab!

Verstopfung
Man kann sich nicht öffnen und will nicht loslassen. Lernen Sie das Gefühl von Freiheit kennen, indem Sie sich selbst von allen Zwängen befreien.

Machen Sie es sich zum Motto:

Wenn wir nicht von vorne anfangen, dürfen wir nicht hoffen, weiterzukommen.

(Seume)

Kapitel 5: Die Schlußmeditation

Wir sind einen langen Weg zusammen gegangen, haben einige Hindernisse gemeinsam überwunden – die anderen Schwierigkeiten meistern Sie alleine, eine nach der anderen. Sie werden immer ruhiger, ausgeglichener und zufriedener. In dem Maß, in dem Sie sich verändern, verändert sich auch Ihre Umwelt. Sie treffen die richtigen Menschen, werden die ideale Arbeitsstelle finden, Ihre innere Einstellung spiegelt sich in einem gesunden Körper wider.

Sie kommen Ihrem Ziel näher und näher – je mehr Sie alles loslassen, was Sie behindert. Der Weise hört auf, selbst zu bestimmen – er nimmt das Leben wahr und läßt das Leben durch ihn wirken.

Je mehr Sie sich dem Gipfel nähern, desto stärker weht der Wind, je näher Sie Ihrem Ziel kommen, desto schwieriger werden die Prüfungen sein, die Ihnen gestellt werden. Aber das ist notwendig, um Vollkommenheit zu erfahren, um vollkommen zu werden. Wenn Sie das letzte Stückchen, das nicht zu Ihnen gehört, losgelassen haben, dann sind Sie wirklich frei.

Leider ist es eine allzu menschliche Eigenschaft, die größten Erkenntnisse aufnehmen zu wollen, ohne zu prüfen, ob wir die einfachen Erkenntnisse schon verwirklicht haben. Haben Sie wirklich Ihren gesamten Ärger losgelassen, gibt es nichts mehr, das Sie ärgerlich macht? Sie werden sehen, es gibt immer noch genügend zu tun.

Ich möchte mich mit einer Meditation von Ihnen verabschieden:

Ich bin ganz ruhig, mein Körper ist bewegungslos. Ich lasse mich sinken – ich sinke in mich hinein.

Ich lasse die Außenwelt los und sinke in das Licht in mir selbst.

Ich sinke in meine lichte Innenwelt.

Dort erkenne ich eine Wiese – ich gehe zu dieser Wiese, betrete sie und nehme alles um mich herum wahr.

Ich nehme die Wiese mit all meinen Sinnen auf.

Ich spüre das Gras unter meinen Füßen, die warme Sonne auf meiner Haut. Ich höre die Vögel zwitschern und die Blätter im Wind rauschen.

Ich atme die frische und reine Luft tief ein.

Ich fühle mich wohl.

Hier finde ich Frieden, Ruhe und Harmonie – ich kann loslassen, kann alles loslassen.

Ich höre eine Quelle sprudeln und mache mich auf den Weg, sie zu suchen.

Unter einem großen Baum sehe ich, wie das Wasser aus der Erde kommt.

Das Wasser ist ganz rein und klar.

Ich trinke aus meiner Hand das kühle Wasser und spüre, wie es mich reinigt und klärt.

Ich fühle mich so frei und wohl.

Ich entkleide mich und steige ganz in die Quelle.

Ich nehme ein Bad, tauche ganz in das Wasser ein.

Ich genieße das wohltuende Bad und spüre, wie das Wasser mein ganzes Sein reinigt.

Es ist leicht, hier alles loszulassen, was nicht zu mir gehört. Ich spüre, wie das Wasser mein ganzes Sein reinigt und klärt und alles aufnimmt, was ich loslasse.
Ich mache mir die befreiende Wirkung des Bades noch einmal bewußt, dann steige ich gereinigt und geklärt aus dem Wasser.

Ich kleide mich in ein neues Gewand der inneren Ruhe und Harmonie.

Ich fühle mich unendlich wohl.

In der Nähe sehe ich einen Berg – ich mache mich auf den Weg zu diesem Berg.

Am Fuße angekommen, sehe ich einen Weg, der zum Gipfel führt.

Ich gehe aufwärts – mit ruhigen und gleichmäßigen Schritten.

Und mit jedem Schritt erhebt sich mein Bewußtsein.

Nach einiger Zeit habe ich den Gipfel erreicht – der Gipfel ist ganz in Licht getaucht.

Ich breite meine Arme aus und wende mich ganz dem Licht zu.

Ich spüre, wie dieses strahlende Licht meinen ganzen Körper reinigt und klärt.

Mein ganzes Sein ist Licht.

Durch das äußere Licht wird mein eigenes inneres Licht zum Leuchten gebracht – es ist hell und strahlend, ein warmes Licht.

Mein wahres Selbst leuchtet über meinen Körper hinaus.

Mein eigenes Licht strahlt über meinen Körper hinaus und wird eins mit dem kosmischen Licht.

Beide Lichter verschmelzen zu einem Licht.

Ich bin ganz bewußt, bin eins mit dem Licht.

In dieser Einheit mit dem Licht öffnet sich mein Bewußtsein ganz weit.

Mein Bewußtsein öffnet sich weit und wird eins mit dem kosmischen Bewußtsein.

In der Einheit mit dem Licht, in der Einheit mit dem kosmischen Bewußtsein übergebe ich Gott alles, was ich loslassen möchte.

In dieser Einheit trete ich vor Gott und übergebe ihm, was nicht mehr zu mir gehört.

Ich sehe, wie alles, was ich loslasse, im Feuer der Liebe aufgelöst wird.

Eines nach dem anderen übergebe ich und sehe zu, wie es im Feuer der Liebe verbrennt.

Voller Dankbarkeit übergebe ich Gott alles, was ich loslassen möchte, was nicht mehr zu mir gehört.

Während ich zusehe, wie alles im Feuer der Liebe aufgelöst wird, spüre ich, wie ich frei werde.

Ich bin endlich frei – frei von allem, was nicht mehr zu mir gehört.

Ich habe es Gott übergeben und habe losgelassen.

Endlich bin ich frei.

Ich nehme dankbar seine Liebe an und bin frei.

Wenn ich eine Frage habe, kann ich sie in der Einheit mit dem Licht und dem kosmischen Bewußtsein an Gott richten.

Während ich frage, spüre ich bereits in mir die Antwort, die Gott mir durch meine innere Gewißheit gibt.

Vielleicht erkenne ich in dieser Gewißheit noch etwas, das ich loslassen möchte.

Ich nutze diese Chance und übergebe auch diesen Ballast an Gott.

Und ich danke Gott für seine Liebe, die mich frei macht. Von nun an lebe ich in dieser Liebe und Geborgenheit.

Ich spüre, wie die Liebe Gottes mein inneres Sein verändert – mich neu werden läßt.

Ich lasse zu, daß seine Liebe in mir wirkt.

Ich gebe mich ihm ganz hin.

Ich lasse dieses wunderbare Gefühl der Harmonie, des Friedens und der Liebe in mir wirken.

Dann löse ich mich behutsam aus diesem Erlebnis und kehre zurück in das Hier und Jetzt.
Ich bin frei, leicht und voller Frieden.
Ich bin im Hier und Jetzt.

Kapitel 6: Worte zum Nach-Denken

Der Sinn des Lebens

1. *Erkenntnisse sammeln*
   Geld, Besitz, Macht, Anerkennung, unsere Familie und unsere Freunde, alles werden wir hier zurücklassen. Das einzige, was wir mitnehmen, sind unsere Erkenntnisse. Wir sind nackt gekommen und werden nackt gehen. Unsere Erkenntnisse sind das einzige, was uns von einem langen Leben bleibt.

2. *Den Augenblick erfüllen*
   Wir nutzen die Chance, die uns das Leben bietet, nur dann optimal, wenn wir wirklich jeden Augenblick erfüllen. Das heißt, ganz bewußt zu sein und wahrzunehmen, was jetzt ist. Die Aufgabe erkennen, die uns das Leben jetzt stellt, die Chance, die es uns gerade in diesem Augenblick bietet, aber auch das Geschenk, das es uns jetzt machen möchte. Das Lächeln eines Kindes, das Vertrauen eines Freundes oder eine Erkenntnis. Auch in einer Schwierigkeit, in einem Problem sollten wir das Geschenk erkennen, denn das Schicksal will uns nur dienen und helfen. Dieser Augenblick ist aber gleich endgültig vorbei und kommt nie wieder, also nutze ich ihn ganz bewußt.

3. *Meine Aufgabe erkennen*
   Ich bin mit einer bestimmten Absicht in dieses Leben gekommen. Dafür bin ich optimal vorbereitet und

habe alle Voraussetzungen mitgebracht, die ich dazu brauche. Also nehme ich wahr, was das Leben von mir will, statt immer nur zu fragen, was ich vom Leben will. Ich erkenne meine Aufgabe, meinen Weg und mein Ziel, nehme sie an und erfülle sie.

4. *Selbstverwirklichung*
   Ich erkenne mein wahres Selbst und lasse seine Vollkommenheit durch mich wirken. Ich erkenne, daß Selbstverwirklichung nicht heißt, das zu tun, wozu ich gerade Lust habe, denn dann bin ich nur der Sklave meiner Lust; sondern ich übergebe meinem wahren Selbst die Herrschaft über mein ganzes Tun und Sein und verwirkliche so wahre Selbstbeherrschung. Ich entwickle mich, damit sich mein wahres Selbst entfalten kann, und mein Leben spiegelt mein Sein wider.

5. *Der Tod als Krönung des Lebens*
   Ich prüfe immer wieder einmal, ob ich auf die letzte Prüfung des Lebens wirklich vorbereitet bin, tue, was noch zu tun ist, und lasse los, woran ich noch gebunden bin, meine Familie, meinen Besitz usw. Loslassen heißt nur, die Bindung auflösen und mich daran erfreuen, solange es da ist – und ich werde frei sein. Ich gehe gelassen durchs Leben und bin bereit, in jeder Minute zu gehen.

Die 7 Schlüssel zum Glück

1. *Die Bedürfnisse reduzieren*
   Bescheidenheit kommt von Bescheid wissen. Erkennen, wie wenig man braucht, um wunschlos glücklich zu sein. Denn Glück kann man weder jagen noch besitzen. Glück ist ein Zustand der Seele, und man kann es nur in sich finden.

2. *Loslassen*
   Jede Bindung verursacht unweigerlich Leid, und so können wir nur wirklich glücklich sein, wenn wir alle Bindungen loslassen. Auch alle Erwartungen an andere gehören dazu, denn jeder Mensch hat das Recht, so zu sein, wie er gerade ist. Zuletzt lasse ich alles los, was geringer ist als Gott, und erhalte Glück und Harmonie als sichere Zugabe.

3. *Rechtes Denken, Fühlen und Handeln*
   Wir alle denken ständig, und indem wir das tun, setzen wir Ursachen. Rechten Gedanken folgen rechte Handlungen. Die Krönung des Ganzen aber ist der Glaube. Uns allen geschieht nach unserem Glauben, das ist ein geistiges Gesetz. Sorgen wir also dafür, daß wir das Richtige glauben.

4. *Erfülle den Augenblick*
   Was wir tun, sollten wir ganz tun, denn wenn es wert ist, überhaupt getan zu werden, dann es ist auch wert, gut getan zu werden. Erkennen wir die Aufgabe, die uns das Leben in diesem Augenblick stellt, und erfüllen wir sie vollkommen. So reihen wir einen erfüllten Augenblick an den anderen zu einem erfüllten Leben.

5. *Liebe Deinen Nächsten*
„Was Ihr dem geringsten meiner Brüder tut, habt Ihr mir getan“, hat Jesus gesagt, und das ist gleichzeitig das Beste, was wir für uns tun können. Mache andere glücklich, und Du wirst glücklich sein. Wir geben ohne Ansehen der Person dem, der unsere Gabe jetzt braucht, denn Gott ist der Empfänger, die Gabe und der Gebende.

6. *Das Glück in sich selbst finden*
Nicht für unser jeweiliges *Ich* sollten wir das Glück suchen, sondern unser wahres Selbst verwirklichen. Glück existiert nicht als äußere Habe, sondern nur als inneres Sein. So wird aus der naiven Glücksuche und dem gelegentlichen Glückhaben ein ständiges Glücklichsein durch Harmonie mit der Schöpfung.

7. *Meditation und Gebet*
Dieser letzte Schlüssel ist der wichtigste, denn ohne ihn kann unser Glück nicht vollkommen sein. Zum wahren Gebet gehört das Aufgeben aller Eigenwilligkeit und die Bereitschaft, Seinen Willen freudig zu erfüllen. Im Gebet spreche ich zu Gott, in der Meditation spricht Gott zu mir.

Entwicklung und Entfaltung

1. *Rechtes Wahrnehmen*
   Wir sollten zum reinen Beobachter werden und die Wirklichkeit hinter dem Schein erkennen. Wirklichkeit ist das, was wirkt.

2. *Rechtes Distanzieren*
   Alles Unerwünschte, Negative können wir bewußt aus dem Bewußtsein entfernen und loslassen. Negative Gedanken sollten wir sofort umwandeln (mental umerleben).

3. *Rechtes Bejahen*
   Alles Positive, Aufbauende, der Schöpfung Dienende dürfen wir bewußt bejahen.

4. *Rechtes Leben*
   Lebe, was du sagen willst. Tue, was du schon längst als gut und richtig erkannt hast. Sage nicht mehr, man sollte, müßte, sondern verwirkliche es.

5. *Rechte Vergebung*
   Wir erkennen, daß wir nur dann vergeben können, wenn wir vorher verurteilt haben. Also sollten wir auch nicht mehr richten, sondern aufrichten und wirklich allen vergeben. Wir erkennen, daß der andere das Recht hat, unvollkommen zu sein, und daß auch wir noch unvollkommen sind. Wir akzeptieren den anderen so, wie er derzeit ist, und wir helfen ihm, so zu werden, wie er sein sollte. Wir helfen ihm, sein wahres Wesen zu erkennen und es zu verwirklichen. Wir vergeben auch uns selbst und lösen alle Schuldgefühle auf.

6. *Rechtes Atmen*
   Die Luft ist unser Grundnahrungsmittel. Ohne Luft können wir nicht leben, aber obwohl sie kostenlos und in beliebiger Menge zur Verfügung steht, atmen die meisten Menschen gerade nur so viel, daß sie nicht ersticken. Gesundheit und Wohlbefinden sind aber abhängig von richtiger Atmung – physisch, imaginativ und spirituell.

7. *Rechtes Essen*
   Wir sollten wirklich wieder Lebensmittel essen, nicht nur Nahrungsmittel oder gar nur Genußmittel. Aber wir sollten auch bewußt essen, das heißt, beim Essen nur essen – nicht lesen oder diskutieren, gründlich kauen. Aber auch spirituell müssen wir richtig essen und erkennen, daß alles, was ist, stets der Eine ist. Wir bestimmen mit unserem Bewußtsein die Qualität dessen, was wir essen. Wir können heitere Gelassenheit essen, wir können aber auch Gott als Speise in uns aufnehmen.

8. *Rechte Identifikation*
   Die meisten identifizieren sich mit ihrem Körper. Wir sind aber nicht der Körper, sondern reines individualisiertes Bewußtsein. Wir sind ein Teil des *einen* Bewußtseins. Also identifizieren wir uns ganz bewußt mit der Vollkommenheit unseres wahren Wesens.

9. *Rechtes Beten*
   Wir dürfen Gott nicht mehr wachrütteln wollen, daß er uns gibt, was wir haben wollen, sondern wir sollten beim Beten unser Bewußtsein erheben.

Nie mehr Ärgern

Die drei Schlüssel für den Weg, sich nie mehr zu ärgern

1. Schlüssel
Es ist falsch, wenn wir denken, wir MÜSSTEN uns über dieses und jenes ärgern. In Wirklichkeit ist dies unsere freie Entscheidung. Wir vermeiden die Zwangsläufigkeit des Ärgerns, indem wir dem anderen sein Verhalten VERZEIHEN, und zwar BEVOR WIR ANFANGEN, UNS ZU ÄRGERN.
Natürlich dürfen wir ihm sein Verhalten auch vergelten. Wir dürfen alles tun, was uns schadet, aber warum sollten wir das? Erkennen wir ganz klar, daß niemand auf der Welt die Macht hat, uns zu ärgern, nur wir selbst, und indem wir verzeihen, erübrigt sich der Ärger.

2. Schlüssel
Wir ärgern uns, weil die Realität nicht mit unseren Erwartungen übereinstimmt. Nun können wir uns natürlich bemühen, die Realität unseren Erwartungen anzupassen, das wird aber nicht immer möglich sein. Aber es ist immer möglich, unsere Erwartungen aufzulösen. Sobald wir keine Erwartungen mehr haben, kann die Realität sich mit nichts mehr in uns reiben, mit nichts kollidieren, und wir sind frei von Ärger. Wir sind dann aber auch nie mehr enttäuscht, beleidigt, verletzt, gekränkt und nie mehr aggressiv.

3. Schlüssel
Wir fragen nicht mehr danach, WER uns geärgert hat, sondern nur noch WAS uns geärgert hat, wenn uns wirklich doch noch einmal etwas ärgern sollte. Dadurch bleibt der Kontakt zum anderen ungetrübt, weil

der Ärger nicht mehr persönlich aufgefaßt wird. Wir sprechen miteinander und sind bereit, dem anderen zuzuhören und den Ärger aus der Welt zu schaffen. Wenn uns wirklich noch einmal etwas ärgert, dann erinnern wir uns, daß dies ein vorübergehender Zustand ist, und anstatt sich aufzuregen, nutzen wir die Kraft und Zeit, um die Dinge in Ordnung zu bringen.

Gewohnheiten Ändern

1. *Gewohnheiten als solche erkennen*
   Zunächst müssen wir die Ursache der Gewohnheit erkennen, die Botschaft und Aufforderung in ihr erkennen. Bringt die alte Gewohnheit mich noch weiter, gehört sie noch zu mir, kann sie verbessert werden? Ist es eine Sucht = Sehnsucht = Suche nach mir selbst? Erkennen Sie den Mangel, fügen Sie Fehlendes hinzu, wandeln Sie Falsches um.

2. *Was wäre ideal – was ist machbar?*
   Dann können wir das Ziel, die erwünschte Gewohnheit festlegen. Will ich das wirklich, führt das zum Ziel? Dazu ist es notwendig, das alte Selbstbild zu ändern, und ein neues Bild zu schaffen. Seien Sie nicht gegen das Alte, sondern für das Neue!

3. *Schritte zum Ziel*
   Machen Sie sich daran, Blockaden und Hindernisse zu erkennen. Setzen Sie Prioritäten, schaffen Sie sich Teilziele – da hilft der Tagesplan. Danken wir dem Alten, es hat mich hierher geführt. Und überzeugen

wir uns, daß das Neue mir hilft. So können wir mental umerleben, und das Gemüt beteiligen – durch Autosuggestion, dadurch, daß wir Hilfen erkennen und annehmen.

4. *Den 1. Schritt tun*
Nun können wir das Neue durch ständig bewußte Wiederholung mental und physisch zur Gewohnheit werden lassen. Dabei helfen Zettel mit Vorhaben überall, dabei hilft, sich zu belohnen. Sprechen Sie mit allen Aspekten von sich, und informieren Sie sich. Sie können Altes loslassen, auf Zettel schreiben, verbrennen. Stellen Sie sich ständig in Frage: ist das noch hilfreich? Was ist zu ändern? Holen Sie sich Feedback von außen.

5. *Sich vom Partner helfen lassen*
Lassen Sie sich Feedback und Korrekturvorschläge geben, erzählen Sie allen von Ihren neuen Gewohnheiten. Damit gehen Sie eine Selbstverpflichtung ein und schließen einen Vertrag mit sich selbst ab. Lassen Sie sich von Ihrem „Inneren Meister“ beraten, stärken und führen. Nehmen Sie auch Ihr Gemüt usw. zum „Inneren Meister“ mit. Suchen Sie Gleichgesinnte.

6. *Nach Erreichung eines jeden Teilziels*
Nun können wir das Endziel feineinstellen und eventuell korrigieren, und alle Erkenntnisse auch praktisch leben. Überprüfen Sie Ihre Schritte durch tägliche Psychohygiene!

7. *Als Meister / Gott handeln*
Prüfen Sie ständig, ist das optimal, vollkommen? Ist das im Einklang mit der Schöpfung, dem Augen-

blick? Lassen Sie Ihren „Inneren Meister", oder auch Gott, in sich wirken. Handeln Sie frei von Urteilen.

So ändere ich meine Situation

1. *Ich bin zunächst nur stiller Beobachter.*
   Ich nehme zunächst nur einmal wahr, wie die Situation zur Zeit wirklich ist. Nüchtern, sachlich, objektiv, bis ich die Wirklichkeit hinter dem Schein erkenne.

2. *Ich bestimme das Ziel,*
   also den „erwünschten Endzustand". Das kann ein Nahziel sein oder meine Lebensaufgabe.

3. *Ich prüfe mein Verhalten.*
   Ist mein derzeitiges Verhalten wirklich hilfreich, um das erklärte Ziel zu erreichen? Was muß ich lassen, lernen, ändern, verstärken usw.?

4. *Ich bestimme das optimale Verhalten.*
   Welches sind die besten Mittel, mein Ziel zu erreichen, der beste, schnellste, sicherste Weg? Was sind die nächsten Schritte?

5. *Ich mache einen Zeitplan.*
   Ich bestimme die Prioritäten, erkenne, was wichtig, was unwichtig und was dringend ist.

6. *Ich schaffe die Voraussetzungen.*
   Ich beseitige Hemmungen und Blockaden, stärke meine Motivation, finde Helfer und tue alles auf meiner Ebene, um den Erfolg zu sichern.

7. Ich starte.
Ich erkenne, daß der beste Zeitpunkt zur Änderung einer Situation dann ist, wenn sie mir ins Bewußtsein tritt – also JETZT !!! Ich tue, was zu tun ist, und halte beharrlich durch, bis das gewünschte Ziel erreicht ist. Jeder Mißerfolg ist für mich nur ein Sprungbrett auf dem Weg zum sicheren Erfolg!

Der Weg ist in Dir

Es ist ganz gleich, wo Du bist und was Du tust, es ist auch gleich, wer Du glaubst zu sein. Es ist auch gleich, an was Du glaubst und wie stark Dein Glaube sein mag. Es ist gleich, ob Du erfolgreich bist, oder ob Dein Leben eine Reihe von Fehlschlägen zu sein scheint. Es spielt auch keine Rolle, was Du Dir wünschst und nach was Du suchst in Deinem Leben.

Du suchst immer nur Dich!

Und was Du auch tun magst, eines Tages wirst Du *den Weg* finden. Du kannst Dich entscheiden, ob es ein schwerer Weg sein wird, oder ob Du den Weg in der Leichtigkeit des Seins gehst – Du hast die Wahl. Selbst wenn Du glaubst, daß es keinen Ausweg mehr gibt, bist Du nur einen Schritt vom Weg entfernt, denn

das Tor zum Weg geht nach innen auf!

Sobald Du Dich auf den Weg gemacht hast, beginnt das eigentliche Leben. Du hast die Wahl, darauf noch viele Jahre zu warten, oder sogar einige Inkarnationen, aber

Du kannst dieses eigentliche Leben auch genau JETZT beginnen, in diesem Augenblick. Die beste Zeit ist immer JETZT!

Doch sobald Du auf dem Weg bist, wird Dir alles, was Dir bisher so wichtig und erstrebenswert erschien, ganz unwichtig sein, wie Erfolg, Geld, Besitz, Macht, Anerkennung; und was Dir bisher weniger wichtig erschien, wie Erkenntnisse, Entwicklung, „Selbst-Bewußt-Sein" wird nun auf einmal das Wichtigste in Deinem Leben.

Du wirst auf dem Weg Fähigkeiten und Kräfte entdecken, von denen Du bisher gar nicht wusstest, daß es sie gibt, und das Leben wird Dir Möglichkeiten bieten, von denen Du bisher nicht einmal wagtest zu träumen. Doch das alles ist Dein geistiges Erbe – wartet seit ewigen Zeiten in Dir darauf, daß Du erwachst und Dich selbst in Besitz nimmst. Du brauchst nur Dein altes Ich loszulassen, damit Dein Selbst hervorscheinen kann – z. B. JETZT!

Drei Regeln, um ein glückliches und erfülltes Leben zu leben

1. *Spielen Sie die Hauptrolle in Ihrem Leben*
   Seien Sie von sich selbst begeistert. Denken Sie immer daran, daß, wer gewinnen will, sich ein Los kaufen muß. Seien Sie „eine sich selbst verwirklichende Ursache". Hören Sie auf zu suchen, denn Sie sind das Ziel!

2. *Lernen Sie die „Kunst des Genießens".*
   Lernen Sie, wie man aus einem ganz normalen Alltag etwas ganz Besonderes macht. Erkennen Sie, daß in

allem ein Geschenk auf Sie wartet. Die Liebe ist ein Weg, auf den man sich miteinander macht, um letztlich bei sich selbst anzukommen.
Lernen Sie, „die Seele baumeln zu lassen“ und die Dinge weniger ernst zu nehmen.

3. *Leben Sie Ihr Leben*
Das Leben ist ein Spiel, bei dem Sie nur gewinnen können. Gestatten Sie es dem Leben, Sie dafür fürstlich zu bezahlen, daß Sie das tun, was Ihnen ohnehin am meisten Freude macht. Alles „wohin“ führt Sie weg von sich selbst.
Ziehen Sie den „Rucksack der Vergangenheit“ aus und erkennen Sie, daß das Leben der Weg vom Ich zum Selbst ist. Erlauben Sie der Welt zu leben, wie sie will, und erlauben Sie sich zu leben, wie Sie wollen! So werden Sie ein Segen für jeden, der das Glück hat, Ihnen zu begegnen.

Loszulassen sind ...*

Loszulassen sind meine Enttäuschungen,
aus der Erkenntnis, daß ich offensichtlich bis dahin in einer Täuschung gelebt habe, und der andere hat gerade diese Täuschung schmerzhaft beendet. Im Grunde müßte ich dem anderen nur dankbar sein, daß er mich auf die Wirklichkeit aufmerksam gemacht hat, denn nur wenn ich in der Wirklichkeit lebe, habe ich eine Chance, sie zu ändern und nach meinen Wünschen zu gestalten.

Loszulassen sind auch meine Erwartungen,
aus der Erkenntnis, daß ich dann nicht mehr zu enttäu-

Aus: Kurt Tepperwein, Bewußtseins-Training

schen bin, denn vor jeder Enttäuschung steht immer eine Erwartung. Lasse ich meine Erwartungen los, kann man mich nicht mehr enttäuschen, aber auch nicht mehr ärgern, beleidigen, verletzen, kränken usw. Sobald ich meine Erwartungen losgelassen habe, bin ich endlich offen für das Leben, so wie es wirklich ist.

Loszulassen sind auch meine Aggressionen,
aus der Erkenntnis, daß mein Leben so ist, wie ich es gestalte, und daß ich es ja in jedem Augenblick ändern kann. Meine Aggressionen aber ändern gar nichts, machen mich nur unbeliebt und mir selbst das Leben schwerer, als es ist. Also mache ich mir bewußt, wogegen ich eigentlich in Wirklichkeit bin und warum, und ändere mich und mein Leben, bis es mir gefällt.

Loszulassen sind meine Minderwertigkeitsgefühle,
aus der Erkenntnis, daß niemand minderwertig ist, da jeder ein Teil des Einen Bewußtseins ist, ein Teil der Einen Kraft, die alles geschaffen hat, und es steht auch niemand unter mir, wir sind alle gleich, nur unterschiedlich erwacht.

Loszulassen ist meine Vergangenheit,
aus der Erkenntnis, daß sie vorbei ist und nie mehr wiederkommt. Warum also sollte ich sie noch immer mit mir herumschleppen? Also lasse ich los, an was ich hänge, also Vorstellungen, Grenzen, Ziele, überholte Programme, Muster und Prägungen, negatives Denken ebenso wie ein negatives Selbstbild, die Rolle, die ich spiele, ebenso wie meine Erziehung und den Umwelteinfluß und damit Normen und Klischees. Ich lasse auch den falschen Beruf los, lasse ganz bewußt alles los, was nicht mehr wirklich zu mir gehört und bin endlich frei, ich selbst zu sein.

Loszulassen sind auch Egoismus, Eitelkeit und Neid, worum sollte ich auch einen anderen beneiden, wenn ich selbst alles erreichen kann? Aber auch das Schwarzsehen ist eine unnötige seelische Belastung. Wenn Sie einmal Ihre Sorgen anschauen, die Sie sich gemacht haben, werden Sie feststellen, daß die meisten sich nicht bewahrheitet haben. Seien Sie auf das Schlimmste vorbereitet, aber erwarten Sie das Beste.

Loszulassen ist die Gewohnheit, die Dinge hinauszuzögern, vor sich herzuschieben, was gestern schon hätte erledigt sein sollen. Die Gewohnheit, vor unangenehmen Situationen davonzulaufen, statt sie dann zu meistern, wenn sie auftauchen. Die Gewohnheit, zuviel zu reden und zuwenig zuzuhören, denn man lernt nichts, wenn man selbst redet, aber man kann immer etwas lernen, wenn man wirklich zuhört. Loszulassen ist das Verlangen nach Rache für tatsächliche oder eingebildete Kränkungen durch andere, aus der Erkenntnis, daß niemand die Macht hat, Sie wirklich zu kränken.

Loszulassen ist Selbstmitleid, denn die Vergangenheit können wir nicht ändern, da hilft kein Selbstmitleid. Die Zukunft aber gehört uns; hier ist noch alles möglich. Deshalb sollten wir niemals unsere Kraft durch Selbstmitleid vergeuden. Schließlich haben wir unser Schicksal selbst verursacht und wir sind die einzigen, die es ändern können, also frisch ans Werk. Wir brauchen unsere ganze Kraft für die bewußte Gestaltung unserer Zukunft.

Selbstmitleid ist auch überflüssig, da ich ja die beklagten Umstände jederzeit ändern kann. Nur dadurch werden sie anders, während Selbstmitleid nichts ändert – ich raube mir nur die Kraft und vertue meine Zeit und belaste meine Gesundheit. Sobald ich auch nur eine Spur von Selbstmitleid bei mir entdecke, erfasse ich es und löse es auf, bevor es mich erfassen kann.

Sich selbst bedauern schwächt, man wird wertlos für die Gesellschaft und sich selbst eine Last, außerdem macht man sich unbeliebt mit seiner destruktiven Haltung. Das führt letztlich zur Depression, in der man sich selbst immerzu bedauert, sich selbst und letztlich auch seine Umgebung erschöpft.

Loszulassen ist auch die Reue,
denn es gibt keine größere Zeit- und Energieverschwendung als Reue. Sie können Ihr Leben ganz einfach ändern, indem Sie jedesmal, wenn Sie denken: „Wenn nur ..." Sie diese Worte gleich umformen zu: „Das nächste Mal ..." Das nächste Mal werde ich offen sprechen. Das nächste Mal werde ich meine Chance ergreifen. Und machen Sie es sich zur Gewohnheit, zu tun, was zu tun ist, wenn das nächste Mal gekommen ist.

Letztlich lasse ich auch meinen Eigenwillen los,
aus der Erkenntnis, daß das Leben ohnehin das Beste für mich will. Lasse los, gefragt, verstanden, geachtet und geliebt werden zu wollen, Recht haben zu wollen, mich durchsetzen und es besser wissen zu wollen. Lasse los, mehr sein zu wollen als andere, ja sogar ein guter Mensch sein zu wollen. Lasse los, siegen zu wollen, glücklich sein zu wollen, lasse letztlich los, überhaupt zu wollen und bin endlich frei zu sein, wie ich bin und wer ich bin.

Anhang

Alle diejenigen, die mir bis hierher gefolgt sind und die mehr erreichen möchten, die ihr Ergebnis auch sichtbar machen wollen, können nun mit meinem 10-Wochen-Plan, den ich auch in meinen Seminaren verteile, konsequent an sich arbeiten.

Nehmen Sie sich Ihre Liste von Seite 26 zur Hand, überprüfen Sie noch einmal ganz genau, was Sie loslassen wollen. Stimmen die dort angegebenen Punkte noch, oder haben sich neue Aspekte ergeben, oder haben Sie vielleicht schon das eine oder andere aufgelöst?

Erstellen Sie heute Ihren endgültigen Plan. Schreiben Sie alles auf, was Sie loslassen möchten. Notieren Sie die einzelnen Punkte entsprechend ihrer Wichtigkeit:
Ich lasse alles los, was mich nicht glücklich macht:

1. ______________________________

2. ______________________________

3. ______________________________

4. ______________________________

5. ______________________________

6. ______________________________

7. ______________________________

8. ______________________________

9. ______________________________

10.______________________________

Hier haben Sie jetzt noch einmal schwarz auf weiß, was Sie am Erreichen Ihres Lebensziels hindert. Sie können alles loslassen, können es auflösen oder ablegen. Nichts wird Sie mehr belasten, wenn Sie es nicht wollen.

Sie entscheiden über Ihr Leben. War Ihnen dies bisher noch nicht so klar, so hoffe ich doch, daß Ihnen dieses Buch neue Perspektiven eröffnet hat. Jetzt sind Sie an der Reihe: Gehen Sie den aufgezeigten Weg – mit Disziplin, mit guten, konstruktiven Gedanken, mit Konzentration und vor allem mit Liebe zu sich und zu der Aufgabe, die Sie sich hiermit selbst stellen.

Wie Sie gesehen haben, nehmen wir uns vorerst lediglich 10 Themen vor. Sollten Sie mehr loslassen wollen, dann fahren Sie in der aufgezeigten Art und Weise fort und gestalten so ein 12- oder 15-Wochen-Programm. Haben Sie weniger loszulassen – um so besser, dann sind Sie schon früher mit dieser Arbeit fertig.

Übrigens, die Arbeit an sich selbst ist eine lebenslange Arbeit. Und nicht nur beim Sport gilt das Motto: „Wer rastet, der rostet!“ Verlieren Sie niemals Ihr Ziel – die geistige Weiterentwicklung – aus dem Auge. Dies ist ein fortwährender Prozeß. Stellen Sie sich das einmal bildlich vor: Maschinen, die nicht in Bewegung gehalten werden, verstauben und rosten. Wenn Sie nicht mehr an sich arbeiten, bleiben Sie auf einer Entwicklungsstufe stehen, möglicherweise verfallen Sie aus Nachlässigkeit sogar wieder in alte Verhaltensweisen und rutschen auf eine niedrigere Ebene ab. Nur beständige Arbeit an sich selbst bringt Sie voran.

Auf den folgenden 10 Seiten finden Sie Arbeitsbögen für Ihr 10-Wochen-Programm. Sie schreiben Ihren „Wochenpunkt" in Großbuchstaben in die Mitte der Seite, so daß Ihr Blick sofort auf dieses Wort fällt. Jeden Tag ziehen Sie dann kurz Bilanz, indem Sie sich Punkte für Ihr Verhalten geben. Sie wollen beispielsweise den *Ärger* loslassen: Wenn Sie am Montag drei Situationen erlebten, über die Sie sich normalerweise geärgert hätten, es Ihnen jedoch gelungen ist, sich zweimal nicht zu ärgern, dann geben Sie sich zwei Pluspunkte und einen Minuspunkt. Am Ende der Woche zählen Sie die Punkte zusammen und können so Ihren Fortschritt genauestens beobachten.

Für besondere Probleme und schwierige Punkte sollten Sie sich von vornherein mehr Zeit als nur sieben Tage geben. Ist Ärger Ihr Hauptproblem, dann planen Sie zwei bis drei Wochen für dieses Thema ein. Sie gehen gelassener an die Arbeit, beweisen durch Ihre Planung Realitätssinn und Selbsterkenntnis und sind motiviert – viel mehr, als wenn Sie sich selbst überschätzen und nach einer Woche frustriert feststellen müssen, daß Sie sich bei der Einschätzung Ihrer Probleme geirrt haben.

Nun wünsche ich Ihnen viel Erfolg, Geduld und recht viel Freude bei der Arbeit an Ihrer Persönlichkeit.

1. Woche

Ich lasse los von ____________________

	Plus	Minus
Montag		
Dienstag		
Mittwoch		
Donnerstag		
Freitag		
Samstag		
Sonntag		
Summe	______ Plus	______ Minus
Ich habe mein Ziel	erreicht. Ja ☐	fast/bald/kaum erreicht. ☐
Ich bin zufrieden.	Ja ☐	Nein ☐

2. Woche

Ich lasse los von ____________________

	Plus	Minus
Montag		
Dienstag		
Mittwoch		
Donnerstag		
Freitag		
Samstag		
Sonntag		
Summe	______ Plus	______ Minus
Ich habe mein Ziel	erreicht. Ja ☐	fast/bald/kaum erreicht. ☐
Ich bin zufrieden.	Ja ☐	Nein ☐

3. Woche

Ich lasse los von ______________________________

	Plus	Minus
Montag		
Dienstag		
Mittwoch		
Donnerstag		
Freitag		
Samstag		
Sonntag		
Summe	_______ Plus	_______ Minus
Ich habe mein Ziel	erreicht. Ja ☐	fast/bald/kaum erreicht. ☐
Ich bin zufrieden.	Ja ☐	Nein ☐

4. Woche

Ich lasse los von ______________________

	Plus	Minus
Montag	______	______
Dienstag	______	______
Mittwoch	______	______
Donnerstag	______	______
Freitag	______	______
Samstag	______	______
Sonntag	______	______
Summe	______ Plus	______ Minus
Ich habe mein Ziel	erreicht. Ja ☐	fast/bald/kaum erreicht. ☐
Ich bin zufrieden.	Ja ☐	Nein ☐

5. Woche

Ich lasse los von ______________________

	Plus	Minus
Montag		
Dienstag		
Mittwoch		
Donnerstag		
Freitag		
Samstag		
Sonntag		
Summe	________ Plus	________ Minus
Ich habe mein Ziel	erreicht. Ja ☐	fast/bald/kaum erreicht. ☐
Ich bin zufrieden.	Ja ☐	Nein ☐

6. Woche

Ich lasse los von ______________________

	Plus	Minus
Montag		
Dienstag		
Mittwoch		
Donnerstag		
Freitag		
Samstag		
Sonntag		
Summe	_______ Plus	_______ Minus
Ich habe mein Ziel	erreicht. Ja ☐	fast/bald/kaum erreicht. ☐
Ich bin zufrieden.	Ja ☐	Nein ☐

7. Woche

Ich lasse los von ______________________

	Plus	Minus
Montag	______	______
Dienstag	______	______
Mittwoch	______	______
Donnerstag	______	______
Freitag	______	______
Samstag	______	______
Sonntag	______	______
Summe	______ Plus	______ Minus
Ich habe mein Ziel	erreicht. Ja ☐	fast/bald/kaum erreicht. ☐
Ich bin zufrieden.	Ja ☐	Nein ☐

8. Woche

Ich lasse los von ______________________

	Plus	Minus
Montag		
Dienstag		
Mittwoch		
Donnerstag		
Freitag		
Samstag		
Sonntag		
Summe	________ Plus	________ Minus
Ich habe mein Ziel	erreicht. Ja ☐	fast/bald/kaum erreicht. ☐
Ich bin zufrieden.	Ja ☐	Nein ☐

9. Woche

Ich lasse los von ______________________

	Plus	Minus
Montag		
Dienstag		
Mittwoch		
Donnerstag		
Freitag		
Samstag		
Sonntag		

Summe	________ Plus	________ Minus
Ich habe mein Ziel	erreicht. Ja ☐	fast/bald/kaum erreicht. ☐
Ich bin zufrieden.	Ja ☐	Nein ☐

10. Woche

Ich lasse los von ______________________

	Plus	Minus
Montag	______	______
Dienstag	______	______
Mittwoch	______	______
Donnerstag	______	______
Freitag	______	______
Samstag	______	______
Sonntag	______	______
Summe	______ Plus	______ Minus
Ich habe mein Ziel	erreicht. Ja ☐	fast/bald/kaum erreicht. ☐
Ich bin zufrieden.	Ja ☐	Nein ☐

Gesamtübersicht

	30 %	40 %	50 %	60 %	70 %	80 %	90 %	100 %
1. (z. B. Ärger)…								
2.								
3.								
4.								
5.								
6.								
7.								
8.								
9.								
10.								

Hier tragen Sie Ihre Punkte ein und zeichnen Ihren derzeitigen „Arbeitsstand“ an. Befinden sich Ihre Markierungen noch im linken also im unteren Prozentbereich, dann legen Sie sich selbst ein neues 10-Wochen-Programm an.

Ich gratuliere Ihnen zu Ihren Erfolgen und ganz besonders zu Ihrer Bereitschaft, Ihr Leben zu verändern und so dazu beizutragen, daß unsere Welt schöner, heller und liebenswerter wird.